WOLF·RÜDIGER SCHENKE

Die verfassungsrechtlichen Grenzen
der Tätigkeit des Vermittlungsausschusses

Schriften zum Öffentlichen Recht

Band 466

Die verfassungsrechtlichen Grenzen der Tätigkeit des Vermittlungsausschusses

Dargestellt am Beispiel des 2. Haushaltsstrukturgesetzes

Von

Prof. Dr. Wolf-Rüdiger Schenke

DUNCKER & HUMBLOT / BERLIN

CIP-Kurztitelaufnahme der Deutschen Bibliothek

Schenke, Wolf-Rüdiger:
Die verfassungsrechtlichen Grenzen der Vermitt-
lungstätigkeit des Vermittlungsausschusses:
dargest. am Beispiel d. 2. Haushaltsstrukturge-
setzes / von Wolf-Rüdiger Schenke. — Berlin:
Duncker und Humblot, 1984.
 (Schriften zum öffentlichen Recht; Bd. 466)
 ISBN 3-428-05647-7

NE: GT

Vorwort

Die vorliegende Untersuchung beinhaltet den im wesentlichen unveränderten Text eines Rechtsgutachtens, das ich im Auftrag verschiedener Verbände in Verbindung mit mehreren vor dem Bundesverfassungsgericht anhängig gemachten konkreten Normenkontrollverfahren erstellt habe. Das Gutachten trägt den Titel

„Die formelle Verfassungswidrigkeit und Ungültigkeit des § 18 a des Gesetzes zur Sicherung der Zweckbestimmung von Sozialwohnungen (Wohnungsbindungsgesetz — WoBindG) in der Fassung des 2. Haushaltsstrukturgesetzes vom 22. 12. 1981 (BGBl. I S. 1523)".

In Konsequenz der in dem Gutachten angestellten Überlegungen ergibt sich nicht nur die Verfassungswidrigkeit und Nichtigkeit der Novellierung des § 18 a WoBindG, der eine Teilregelung des Art. 27 2. HStruktG darstellt, sondern auch die der übrigen in Art. 27 2. HStruktG getroffenen Normierungen wegen verfassungswidriger Überschreitung der Vermittlungskompetenz des Vermittlungsausschusses.

Im Hinblick auf die durch die Novellierung des § 18 a WoBindG und den Art. 27 HStruktG aufgeworfene prinzipielle Frage nach der verfassungsrechtlichen Grenze der Kompetenz des Vermittlungsausschusses, die gerade in letzter Zeit den Gegenstand einer intensiven rechtswissenschaftlichen Diskussion bildete, habe ich mich zur Publikation meines Rechtsgutachtens entschlossen.

Inhaltsübersicht

A. Die Entstehungsgeschichte der Neufassung des § 18 a WoBindG

Durch das 2. HStruktG v. 22. 12. 1981 (BGBl. I S. 1523) wurde § 18 a WoBindG i. d. F. d. B. v. 30. 7. 1980 (BGBl. I S. 1120) wie folgt geändert:

„a) In § 18 a Abs. 1 wird Satz 1 durch folgende Sätze 1 und 2 ersetzt:

„Öffentliche Mittel im Sinne des § 3 des Ersten Wohnungsbaugesetzes oder des § 16 des Zweiten Wohnungsbaugesetzes, die vor dem 1. Januar 1960 als öffentliche Baudarlehen bewilligt worden sind, können mit einem Zinssatz bis höchstens 8 vom Hundert jährlich verzinst werden, wenn dies durch landesrechtliche Regelung in einem Gesetz oder einer Verordnung der Landesregierung bestimmt ist; § 18 b Abs. 2 ist anzuwenden. Dies gilt auch, wenn vertraglich eine Höherverzinsung ausdrücklich ausgeschlossen ist."

Der bisherige Satz 2 wird Satz 3.

b) Der bisherige Absatz 2 wird durch folgende Absätze 2 und 3 ersetzt:

„(2) Öffentliche Mittel, die nach dem 31. Dezember 1959, jedoch vor dem 1. Januar 1970 als öffentliche Baudarlehen bewilligt worden sind, können mit einem Zinssatz bis höchstens sechs vom Hundert jährlich verzinst werden; Absatz 1 gilt im übrigen entsprechend.

(3) Die Landesregierungen stellen durch Rechtsverordnung sicher, daß die aus der höheren Verzinsung nach den Absätzen 1 und 2 folgenden Durchschnittsmieten bestimmte Beträge, die für die öffentlich geförderten Wohnungen nach Gemeindegrößenklassen und unter Berücksichtigung von Alter und Ausstattung der Wohnungen festgelegt werden, nicht übersteigen. Sie haben dabei die sich aus der höheren Verzinsung ergebende Mieterhöhung angemessen zu begrenzen. Einwendungen gegen die Auswirkungen der Zinserhöhung sind dabei nur innerhalb einer festzusetzenden Ausschlußfrist von höchstens sechs Monaten seit Zugang der Mitteilung über die Zinserhöhung zuzulassen."

c) Der bisherige Absatz 3 wird Absatz 4; die Worte „Absatz 2 Satz 2" werden durch die Worte „Absatz 3" und die Worte „nach Absatz 1 oder 2" durch die Worte „nach Absatz 2" ersetzt.

d) Der bisherige Absatz 4 wird Absatz 5 und erhält folgende Fassung:

„(5) Eine Zinserhöhung nach den Absätzen 1 und 2 ist bei Familienheimen in der Form von Eigenheimen, Kaufeigenheimen und Kleinsiedlungen sowie bei solchen Eigentumswohnungen, die vom Eigentümer oder seinen Angehörigen benutzt werden, nur unter den Voraussetzungen des § 44 Abs. 3 des Zweiten Wohnungsbaugesetzes zulässig. Dabei ist die aus der höheren Verzinsung folgende Mehrbelastung angemessen zu begrenzen."

e) Der bisherige Absatz 5 wird Absatz 6. In Satz 1 wird die Zahl „4" durch die Zahl „5" ersetzt. In Satz 2 werden die Worte „Absatz 2" durch die

Worte „den Absätzen 1 und 2" und das Wort „Rechtsverordnung" durch das Wort „Rechtsvorschriften" ersetzt. In Satz 3 werden die Worte „in der Fassung des Wohnungsbauänderungsgesetzes 1968 vom 17. Juli 1968 (BGBl. I S. 821)" gestrichen."

Die Novellierung des § 18 a WoBindG stellt einen Teil des am 10. 12. 1981 durch den Bundestag und am 18. 12. 1981 durch den Bundesrat verabschiedeten 2. HStruktG dar. Das Gesetz wurde am 22. 12. 1981 durch den Bundespräsidenten ausgefertigt und am 29. 12. 1981 im Bundesgesetzblatt verkündet[1]. Es trat gemäß Art. 41 Abs. 1 2. HStruktG vorbehaltlich der Abs. 2 bis 6 am 1. Januar 1982 in Kraft.

Das 2. HStruktG beruht auf einem Gesetzentwurf der Bundesregierung vom 28. 9. 1981[2]. Die Zielsetzung dieses Gesetzentwurfs wurde durch die Bundesregierung[3] folgendermaßen umschrieben: „Im Hinblick auf das Leistungsbilanzdefizit, den Umstrukturierungsbedarf der deutschen Wirtschaft und die geld- und kapitalmarktpolitischen Erfordernisse und damit zur langfristigen Sicherung der Arbeitsplätze ist es notwendig, die Investitionstätigkeit anzuregen, die Dynamik öffentlicher Ausgaben zu begrenzen und die Neuverschuldung der öffentlichen Haushalte zurückzuführen."

Zu diesem Zweck sah der Gesetzentwurf in 39 Artikeln ein ganzes Bündel der verschiedenartigsten Maßnahmen vor. Sie betrafen u. a. ausgabewirksame Regelungen für den öffentlichen Dienst, die Ausbildungsförderung, das Wohngeld, die Landwirtschaft und die Straßenbaufinanzierung, ferner wohnungsbaupolitische, sozialpolitische sowie sonstige steuerliche Maßnahmen. Das „Gesetz zum Abbau der Fehlsubventionierung und der Mietverzerrung im Wohnungswesen" und damit auch die in diesem enthaltene Novellierung des § 18 a WoBindG war in dem Gesetzentwurf nicht vorgesehen.

Mit dem von der Bundesregierung eingebrachten Entwurf des 2. HStruktG beschäftigte sich der Bundesrat im Rahmen des Verfahrens gemäß Art. 76 Abs. 2 GG in seiner 503. Sitzung am 25. 9. 1981[4]. Im Verlauf der umfänglichen Debatte ging der baden-württembergische Ministerpräsident Späth[5] auch auf den Vorschlag ein, alte öffentliche Darlehen, die bis zum Jahre 1960 mit einem Zinssatz von 0,5 % vergeben wurden, auf 8 % zu erhöhen. Dieser Gedanke fand auch in der Stellungnahme des Bundesrats zum Entwurf des 2. HStruktG Erwähnung. In der in dieser Stellungnahme unter einer Vielzahl von

---

[1] Vgl. BGBl. I, S. 1523.
[2] Vgl. BT-Drucks. 9/842.
[3] Vgl. BT-Drucks. 9/842, S. 1.
[4] Vgl. BR-StenBer. 503/81.
[5] Vgl. BR-StenBer. 503/81, S. 289.

Aspekten geäußerten Kritik am Gesetzentwurf der Bundesregierung[6] heißt es: „Notwendig ist ferner eine Neuordnung des sozialen Mietwohnungsbaus. Zu ihr gehören das Einführen marktwirtschaftlicher Elemente sowie die Erschließung erheblicher Rückflüsse aus alten Wohnungsbaudarlehen durch abgestufte Anhebung der Zinsen. Es ist deshalb ein Gebot der Solidarität, die billigen Altbaudarlehen wenigstens etwas im Zins anzuheben. Zu allem hat der Bundesrat am 10. Juli 1981 eine ausgewogene Konzeption beschlossen." Auf den S. 11 ff. der Stellungnahme des Bundesrats wurden unter B eine Vielzahl detaillierter Änderungsvorschläge des Bundesrats zum Regierungsentwurf des 2. HStruktG unterbreitet, von deren Realisierung die Zustimmung des Bundesrats im 2. Durchgang abhängig gemacht wurde. Das „Gesetz zum Abbau der Fehlsubventionierung und der Mietverzerrung im Wohnungswesen" wurde in diesem Zusammenhang nicht aufgeführt.

Die 1. Beratung des von der Bundesregierung eingebrachten Entwurfs des 2. HStruktG fand in den 51. - 53. Sitzungen des Bundestags vom 16. 9. - 18. 9. 1981 statt, die 2. und 3. Beratung des Gesetzentwurfs in der 64. Sitzung des 9. Bundestags am 12. 11. 1981. Der dort verabschiedete, 40 Artikel in sich schließende Gesetzesbeschluß des Bundestags[7] wurde u. a. um wohnungsbaupolitische Regelungen des Gesetzentwurfs zur Stärkung der Investitionstätigkeit im Baubereich und zum Abbau ungleicher Besteuerung in der Wohnungswirtschaft[8] erweitert. Er enthielt aber nach wie vor nicht das „Gesetz zum Abbau der Fehlsubventionierung und der Mietverzerrung im Wohnungswesen".

Dem durch den Bundestag verabschiedeten Gesetzesbeschluß zum 2. HStruktG wurde durch den Bundesrat in seiner 506. Sitzung am 27. 11. 1981 die gemäß Art. 84 Abs. 1, Art. 104 a Abs. 3, Art. 105 Abs. 3 und Art. 108 Abs. 5 GG erforderliche Zustimmung versagt. Als Begründung hierfür verwies der Bundesrat auf seine im 1. Durchgang abgegebene Stellungnahme vom 25. 9. 1981, in der er u. a. die Notwendigkeit weiterer Einsparungen bei den konsumtiven Ausgaben betont und hierfür zahlreiche Vorschläge unterbreitet habe. Der Bundestag habe diese Forderungen des Bundesrats so gut wie nicht berücksichtigt[9].

Im Hinblick auf die Verweigerung der erforderlichen Zustimmung des Bundesrats zum vom Bundestag verabschiedeten Entwurf des 2. HStruktG rief die Bundesregierung noch am 27. 11. 1981 den Vermittlungsausschuß an. In dem Schreiben des Bundeskanzlers an den Vorsitzenden des Vermittlungsausschusses des Deutschen Bundestags

---

[6] Vgl. BR-Drucks. 363/81, S. 10.
[7] Vgl. BR-Drucks. 490/81.
[8] Vgl. BT-Drucks. 9/796, 9/843, 9/889.
[9] Vgl. BR-Drucks. 490/81, S. 1; s. im übrigen auch BR-StenBer. 506/81.

und des Bundesrats heißt es: „Die Bundesregierung hat beschlossen, zu dem vom Deutschen Bundestag am 12. 11. 1981 verabschiedeten Gesetz, dem der Bundesrat in seiner 506. Sitzung am 27. 11. 1981 nicht zugestimmt hat, die Einberufung des Vermittlungsausschusses gemäß Art. 77 Abs. 2 des Grundgesetzes zu verlangen. Namens der Bundesregierung bitte ich daher, den Vermittlungsausschuß zum frühestmöglichen Zeitpunkt einzuberufen[10].“

Der Vermittlungsausschuß schlug in seiner Sitzung am 8. 12. 1981 neben anderen wichtigen Änderungen des 2. HStruktG eine Einfügung eines Art. 26 a (nunmehr Art. 27) HStruktG vor. Art. 26 a enthielt das „Gesetz zum Abbau der Fehlsubventionierung und der Mietverzerrung im Wohnungswesen“. Dieses Gesetz gliedert sich in vier Unterartikel. Unterartikel 1 beinhaltet ein aus 13 Paragraphen bestehendes Gesetz über den Abbau der Fehlsubventionierung im Wohnungswesen (AF-WoG), Unterartikel 2 regelt Änderungen des Wohnungsbindungsgesetzes (WoBindG), Unterartikel 3 Änderungen des 2. Wohnungsbaugesetzes und Unterartikel 4 Änderungen des Wohnungsbaugesetzes für das Saarland. Die vorgeschlagene Neuregelung des § 18 a WoBindG stellte einen Teil der Regelungen des Unterartikels 2 dar.

Art. 26 a des Vermittlungsvorschlags lagen der von der Bundesregierung am 27. 5. 1981 beschlossene Entwurf eines „Gesetz(es) über den Abbau der Fehlsubventionierung im Wohnungswesen“[11] sowie nahezu übereinstimmende Entwürfe des Bundesrats und der CDU/CSU-Fraktion eines „Gesetz(es) zur Belebung des sozialen Wohnungsbaus und zum Abbau nicht mehr gerechtfertigter Subventionen (Wohnungsbauänderungsgesetz 1981 — WoBauÄndG 1981)“ zugrunde[12].

Diese Gesetzentwürfe wurden nach ihrer 1. Lesung im Bundestag am 1. 10. 1981[13] dem Ausschuß für Raumordnung, Bauwesen und Städtebau zur weiteren Beratung überwiesen. Dieser veranstaltete ein Planspiel und führte am 3. 12. 1981 eine Anhörung von Organisationen und Verbänden durch. Ehe der Bundestagsausschuß seine Beratungen abschließen konnte und es zu einer 2. Lesung der Gesetzesentwürfe im Bundestag kam, wurden diese Gesetzentwürfe durch den Vermittlungsausschuß in seine Verhandlungen einbezogen und führten zu dem Vermittlungsvorschlag, das 2. HStruktG um einen Art. 26 a zu ergänzen, der das „Gesetz zum Abbau der Fehlsubventionierung und der Mietverzerrung im Wohnungswesen“ beinhaltete.

---

10 Vgl. BT-Drucks. 9/1096.
11 Vgl. BT-Drucks. 9/744.
12 Vgl. BT-Drucks. 9/743 und 9/468.
13 Vgl. BT-StenBer. 9/55.

Der Vermittlungsausschuß machte bezüglich seines Vermittlungsvorschlags, der neben der Neueinfügung des Art. 26 a zahlreiche weitere Änderungen des vom Bundestag verabschiedeten Gesetzentwurfs des 2. HStruktG enthielt, von dem ihm gemäß § 10 Abs. 3 S. 1 der Geschäftsordnung des Vermittlungsausschusses (GeschOVermA) eingeräumten Recht Gebrauch, nur eine gemeinsame Abstimmung über die in seinem Vermittlungsvorschlag getroffenen Änderungen zuzulassen.

Der Vermittlungsvorschlag des Vermittlungsausschusses wurde in der 73. Sitzung des 9. Deutschen Bundestags am 10. 12. 1981 durch den Bundestag angenommen. In den der Abstimmung vorausgegangenen Erklärungen wurden von verschiedenen Bundestagsabgeordneten Bedenken gegen die Verfahrensweise des Vermittlungsausschusses vorgebracht. So führte der Abgeordnete Westphal (SPD)[14] aus: „Lassen Sie mich aber, bevor ich auf den Inhalt dieses Teils der Empfehlungen eingehe, sagen, daß bei jedem von uns Parlamentariern — ganz gleich, auf welcher Seite des Hauses er sitzt — also auch bei denjenigen, die am Vermittlungsverfahren selbst teilgenommen haben, das Gefühl vorhanden ist, an einem gesetzgeberisch durchaus bedenklichen Vorgang mitgewirkt zu haben. ... Der Vermittlungsausschuß hat hier einen noch in der Beratung der zuständigen Ausschüsse dieses Hauses befindlichen Gesetzgebungsvorgang vorweggenommen, bei dem zwar jeder Beteiligte weiß, daß er auch nur mit einem Kompromiß zu einem Abschluß gebracht werden könnte, bei dem aber dieser Kompromiß jetzt, zur Annahme empfohlen, vor uns liegt, ohne daß es darüber eine öffentliche parlamentarische Debatte gegeben hat. Die Frage, ob daraus Konsequenzen für die Verfahrensregeln des Vermittlungsausschusses zu ziehen sind, wird zu erörtern sein."

Auch der Abgeordnete Kleinert (FDP) äußerte[15] Bedenken. Das Protokoll vermerkt dazu:

Kleinert (FDP): „... Der Vorgang ist insofern besonders und, soweit ich sehen kann, einmalig, als eine verhältnismäßig umfangreiche und in sich geschlossene Regelung im Vermittlungsverfahren eingefügt worden ist an Stelle einer zwar diesen Punkt deutlich und genau betreffenden, aber sehr punktuellen Eingriffsmaßnahme, die im Anrufungsbegehren vorgeschlagen war.

...

Vorab möchte ich sagen, daß sich, soweit ich sehe, alle unmittelbar und mittelbar mit dem Vorgang Befaßten einig darüber sind — es ist hier bereits gesagt worden —, daß aus einem solchen Vorgang keines-

---

[14] Vgl. BT-StenBer. 9/73, S. 4265.
[15] Vgl. BT-StenBer. 9/73, S. 4268.

wegs auf eine Regel, die neu eingeführt werden soll, oder auf eine Wünschbarkeit in anderen Fällen geschlossen werden kann. Das würde dem Sinn der Gesetzgebung, wie Sie sie hier im Hause zusammen mit den anderen Gesetzgebungsorganen alle gewohnt sind, sicherlich widersprechen."

Wenn der Abgeordnete Kleinert dennoch das Verfahren des Vermittlungsausschusses als tolerabel ansah, so geschah dies[16], weil „der Vorgang hier aus den Sachnotwendigkeiten heraus zu rechtfertigen ist, die zum Vermittlungsverfahren führen und darin eine befriedigende Lösung finden müssen".

Weiter als der Abgeordnete Kleinert ging der Abgeordnete Conradi (SPD). Er hielt das vom Vermittlungsausschuß eingeschlagene Verfahren mit der Einbeziehung des Art. 26 a in den Vermittlungsvorschlag in seiner Erklärung bereits für verfassungswidrig. Im Protokoll[17] ist dazu ausgeführt:

Conradi (SPD): „... Der Vermittlungsausschuß hat also nicht in einem Streit zwischen Bundesrat und Bundestag über ein hier beschlossenes Gesetz vermittelt, sondern er hat Gesetzentwürfe aus der ordnungsgemäßen Beratung des Bundestages herausgenommen, aus dem Gesetzgebungsverfahren an sich gezogen und in nichtöffentlicher Sitzung beraten und entschieden. Darin sehe ich einen Eingriff in Rechte der Öffentlichkeit, in die Rechte des Parlaments und in die Rechte von uns Abgeordneten.
...

Nach Art. 42 des Grundgesetzes verhandelt der Bundestag öffentlich. Deswegen heißt es in unserer Geschäftsordnung, daß über jedes Gesetz hier in zweiter und dritter Lesung öffentlich beraten wird, daß in zweiter Lesung jeder Abgeordnete und in dritter Lesung jede Fraktion Änderungsanträge zu einzelnen Punkten des Gesetzes stellen kann.

Dies alles gibt es aber bei diesem Gesetz nicht. Es gibt keine zweite und dritte Lesung. Der Vermittlungsausschuß hat unter Ausschluß der Öffentlichkeit beschlossen. Kein Abgeordneter kann hier Änderungsanträge stellen, auch keine Fraktion, und der Bundestag kann diesem Gesetz mit vielen anderen Gesetzen, diesem großen Paket, nur als Ganzem zustimmen oder es ablehnen. Und selbst wenn man berücksichtigt, daß es sich hier um ein Sparpaket handelt, erscheint mir diese parlamentarische Sparbehandlung eines Gesetzes doch unzumutbar.
...

---

[16] Vgl. BT-StenBer. 9/73, S. 4268.
[17] Vgl. BT-StenBer. 9/73, S. 4269.

Das Recht des Volkes auf öffentliche Beratung der Gesetze in der Volksvertretung kann nicht durch einen Vermittlungsausschuß aufgehoben werden, denn die Öffentlichkeit hat das Recht darauf, zu erfahren, wie ein Gesetz zustande gekommen ist. Gerade jetzt bei diesen Mehrheitsverhältnissen zwischen Bundesrat und Bundestag, die dem Vermittlungsausschuß erst ein Gewicht geben, das die Väter der Verfassung sich wohl nicht so gedacht haben, sollten wir es nicht zulassen, daß die notwendige politische Auseinandersetzung zwischen uns in ein Konklave verlegt wird.

. . .

Als Abgeordneter will ich es nicht hinnehmen, daß mein Recht nach dem Art. 38, am Gesetzgebungsverfahren mitzuwirken, hier de facto aufgehoben wird. Sie können natürlich sagen: Dann stimm doch dagegen. Ich halte aber das Verfahren für unzulässig, wenn es die Rechte auch nur eines einzigen Abgeordneten hier beeinträchtigt."

Da der Abgeordnete Conradi (SPD) das verfassungsmäßige Zustandekommen des Gesetzes bezweifelte, teilte er dem Bundestagspräsidenten nach § 31 der Geschäftsordnung des Bundestags mit, daß er sich an der Abstimmung nicht beteiligen werde[18].

Im Anschluß an die abgegebenen Erklärungen wurde der Vermittlungsvorschlag des Vermittlungsausschusses gegen einige Gegenstimmen bei der SPD und der CDU/CSU sowie bei einer Reihe von Enthaltungen in den Reihen der CDU/CSU angenommen. Bei der Befassung des Bundesrats mit dem Vermittlungsvorschlag des Vermittlungsausschusses in der 507. Sitzung am 18. 12. 1981 ging der niedersächsische Ministerpräsident Dr. Albrecht auf die Kritik an dem vom Vermittlungsausschuß eingeschlagenen Verfahren ein und wies diese zurück. Er führte[19] hierzu aus: „Nun will ich gerne noch einige Worte zu der Kritik sagen, die am Vermittlungsausschuß lautgeworden ist. Wenn ich es recht sehe, sind es im wesentlichen zwei Kritiken. Das eine ist, daß der Vermittlungsausschuß, wie man sagt, unter Ausschluß der Öffentlichkeit eigentlich ein bißchen undemokratisch tage und diese Republik regiere. Nun, meine Damen und Herren, die eigentlichen Entscheidungen fallen nach wie vor im Bundestag und Bundesrat — nach Debatte und in aller Öffentlichkeit. Deshalb sind wir heute ja auch hier.

Aber es ist doch nun weiß Gott nichts Außergewöhnliches, daß wichtige Vorentscheidungen in anderen Gremien fallen. Wichtige Vorentscheidungen fallen in den Ausschüssen des Deutschen Bundestages und etwa auch unserer Landtage. Sie tagen nicht öffentlich. Wichtige Vor-

---

[18] Vgl. BT-StenBer. 9/73, S. 4270.
[19] Vgl. BR-StenBer. 507/81, S. 446 f.

entscheidungen fallen in den Fraktionen, insbesondere in den Regierungsfraktionen. Sie tagen auch nicht öffentlich. Dort, wo es Koalitionen gibt, fallen wichtige Vorentscheidungen, wie jeder weiß, in Koalitionsbesprechungen und Koalitionsausschüssen. Sie müssen in der Regel auch von den Fraktionen getragen werden. Diese Koalitionsausschüsse tagen ebenfalls nicht öffentlich.

Ich meine also, daß beim Vermittlungsausschuß nichts Besonderes vorliegt. Das Entscheidende ist — ich wiederhole es —, daß anschließend nach Debatten im Plenum des Bundestages und des Bundesrates in aller Öffentlichkeit entschieden wird."

Zurückgewiesen wurde die Kritik an der Verfahrensweise des Vermittlungsausschusses auch durch den schleswig-holsteinischen Ministerpräsidenten Dr. Stoltenberg, der sich auf die Ausführungen von Ministerpräsident Dr. Albrecht berief[20].

Kritik an dem Vorgehen des Vermittlungsausschusses wurde demgegenüber von Bundesfinanzminister Matthöfer[21] geäußert. Er führte in diesem Zusammenhang aus: „Darüber, ob alle Beschlüsse im Vermittlungsausschuß auch formal richtig zustande gekommen sind, wird man nachdenken müssen. Ich weiß nicht, ob es zulässig ist, in meiner Eigenschaft als Abgeordneter des Deutschen Bundestags hier etwas zu sagen. Ich finde es im Grunde unerhört, was dort vorgegangen ist. Wir sollten das nie wieder tun: Auf diese Art und Weise Dinge hineinzuschreiben, die nachher ohne Diskussion vom Deutschen Bundestag beschlossen werden sollen. Einmal und nie wieder!"

Bei der Abstimmung über den Einigungsvorschlag des Vermittlungsausschusses fand sich im Bundesrat für diesen eine Mehrheit.

Das Vorgehen des Vermittlungsausschusses wurde in der Publizistik heftig kritisiert[22].

Auch von Mitgliedern des Bundestags und des Bundesrats wurde die Verfassungswidrigkeit des Vorgehens des Vermittlungsausschusses noch nachträglich gerügt[23].

---

[20] Vgl. BR-StenBer. 507/81, S. 460 f.

[21] Vgl. BR-StenBer. 507/81, S. 458.

[22] Vgl. z. B. *Herles*, Vom Vermittlungs- zum Überausschuß, in: Frankfurter Allgemeine Zeitung vom 21. 12. 1981, S. 12; *Däubler-Gmelin*, Vermittlungsausschuß — ein beschämendes Ärgernis in Bonn. So wird der Bundestag um seine Rechte gebracht, in: Die Zeit v. 23. 4. 1982, S. 13; *Dreher*, Verschwörung gegen das Parlament, in: Süddeutsche Zeitung v. 4. 5. 1982, S. 4; Parlamentarisch-Politischer Pressedienst v. 16. 12. 1981, S. 1 ff. („Bonn: Überparlament Vermittlungsausschuß?").

[23] Vgl. neben *Däubler-Gmelin*, Die Zeit v. 23. 4. 1982, S. 13 u. *diess.*, BT-StenBer. 9/97, S. 5906 ff., den seinerzeitigen Vorsitzenden des Bundestagsinnenausschusses *Wernitz* (SPD), zitiert nach: Süddeutsche Zeitung v. 16. 12.

Auch im rechtswissenschaftlichen Schrifttum wird das Verfahren des Vermittlungsausschusses vielfach als verfassungswidrig angesehen[24].

1981, S. 6 („Wernitz: Vermittlungsausschuß darf kein Ersatzparlament sein"); *Hajo Hoffmann* (SPD), zitiert nach: Parlamentarisch-Politischer Pressedienst v. 15. 1. 1982, S. 7 („Rechtsgutachten: Vermittlungsausschuß verletzte die Verfassung"); *Oskar Schneider* (CSU), Vorsitzender des Ausschusses für Raumordnung, Bauwesen und Städtebau, BT-StenBer. 9/97, S. 5904 ff.

[24] Vgl. *Bismark*, Grenzen des Vermittlungsausschusses, DÖV 1983, S. 269 ff.; *Quaas*, Zur Verfassungsmäßigkeit der Verzinsung von öffentlichen Baudarlehen gemäß den Änderungen durch das 2. HStruktG, WM 1982, S. 283 ff.; *Schleifenbaum / Kamphausen*, Rechtswidrigkeit der Verzinsung öffentlicher Baudarlehen?, DWW 1983, Heft 4, S. 2 ff.; *Schulze-Fielitz*, Gesetzgebung als materiales Verfassungsverfahren, NVwZ 1983, S. 709 (712 ff.); *Zuck / Quaas*, Rechtsgutachten zur Verfassungsmäßigkeit der Verzinsung und vorzeitigen Ablösung von Familienheimdarlehen gemäß den Änderungen durch das 2. HStruktG (unveröff.), 1982, S. 6 ff.; *Zeh*, Zur verfassungsrechtlichen Problematik einer Beschlußempfehlung des Vermittlungsausschusses, Gutachten des Wissenschaftlichen Dienstes des Deutschen Bundestages (unveröff.), 1982, passim; ferner *Henseler*, Möglichkeiten und Grenzen des Vermittlungsausschusses. Eine Untersuchung am Beispiel des 2. Haushaltsstrukturgesetzes, NJW 1982, S. 849 ff., der allerdings davon ausgeht, das verfassungswidrige Verfahren des Vermittlungsausschusses sei durch die Zustimmung des Bundestags zum Vermittlungsvorschlag nachträglich geheilt worden.

B. Die formelle Verfassungswidrigkeit und Nichtigkeit des § 18 a WoBindG in der Fassung des 2. HStruktG vom 22. 12. 1981 (BGBl. I S. 1523)

Bedenken gegen die formelle Verfassungsmäßigkeit des § 18 a WoBindG ergeben sich daraus, daß das „Gesetz zum Abbau der Fehlsubventionierung und der Mietverzerrung im Wohnungswesen", dessen Bestandteil auch § 18 a WoBindG in der Fassung des 2. HStruktG vom 22. 12. 1981 bildet, in dem ursprünglichen Entwurf des 2. HStruktG, in bezug auf welchen die Bundesregierung den Vermittlungsausschuß angerufen hatte, nicht enthalten war. Es ist deshalb fraglich, ob der Vermittlungsausschuß überhaupt verfassungsrechtlich dazu befugt war, das „Gesetz zum Abbau der Fehlsubventionierung und der Mietverzerrung im Wohnungswesen" in seinen Vermittlungsvorschlag einzubeziehen und ob sich, falls dies zu verneinen ist, hieraus die Verfassungswidrigkeit und Nichtigkeit des § 18 a WoBindG ergibt.

Zur Klärung dieser Frage ist zunächst zu untersuchen, welche Grenzen abstrakt gesehen für die Tätigkeit des Vermittlungsausschusses bestehen (dazu unter I), ferner ob diese Grenzen bei der Einfügung des Entwurfs des „Gesetz(es) zum Abbau der Fehlsubventionierung und der Mietverzerrung im Wohnungswesen" und damit auch der vorgesehenen Neufassung des § 18 a WoBindG in den Entwurf des 2. HStruktG überschritten wurden (dazu unter II). Falls dies zu bejahen ist, muß dann geklärt werden, ob aus einer verfassungswidrigen Überschreitung der Vermittlungskompetenz des Vermittlungsausschusses auch die Verfassungswidrigkeit des § 18 a WoBindG resultiert (dazu unter III). Bei Befürwortung der Verfassungswidrigkeit des § 18 a WoBindG muß schließlich noch dazu Stellung genommen werden, ob sich hieraus auch die Nichtigkeit des § 18 a WoBindG ergibt (dazu unter IV).

I. Die Grenzen der Vermittlungskompetenz des Vermittlungsausschusses

Der Umfang der Vermittlungskompetenz des Vermittlungsausschusses wird durch Art. 77 Abs. 2 GG auf der Verfassungsebene festgelegt. Diese Vorschrift ist daher im folgenden unter Heranziehung der grammatikalischen (1), der systematisch-teleologischen (2) und der historischen Auslegung (3) darauf zu befragen, welche Grenzen sich aus ihr für die Vermittlungtätigkeit des Vermittlungsausschusses ergeben.

1. Die grammatikalische Interpretation des Art. 77 Abs. 2 GG

Schon eine am Wortlaut der Vorschrift des Art. 77 Abs. 2 GG orientierte Auslegung spricht dafür, daß der Vermittlungs- und Empfehlungsgegenstand des Vermittlungsausschusses grundsätzlich durch den Gesetzesbeschluß des Bundestags begrenzt wird und allenfalls auf hiermit in unmittelbarem Sachzusammenhang stehende Regelungen ausgeweitet werden kann. Das indiziert Art. 77 Abs. 2 S. 1 GG, der von einem „für die gemeinsame Beratung von Vorlagen" gebildeten Ausschuß redet, damit aber zum Ausdruck bringt, daß der Gegenstand der Vermittlungsberatungen und der Vermittlungsempfehlungen (sofern der Vermittlungsausschuß nicht bereits durch ein nur eingeschränktes Anrufungsbegehren limitiert ist) jedenfalls prinzipiell durch jene Regelungsmaterie markiert wird, die den Inhalt des Gesetzesbeschlusses bildet[1]. Diese Normierungen dürfen zwar geändert, nicht aber durch einen Gesetzentwurf mit einem anderen Regelungsgegenstand ersetzt oder erweitert werden. Davon geht explizit auch Art. 77 Abs. 2 S. 5 GG aus, der von einer „Änderung des Gesetzesbeschlusses" spricht[2], damit aber nicht die Ersetzung eines Gesetzentwurfs durch ein anderes Gesetz bzw. die Erweiterung durch ein solches erfassen will. Unterstrichen wird dies noch dadurch, daß nach Art. 77 Abs. 2 S. 5 GG bei einer Änderung des Gesetzesbeschlusses „der Bundestag erneut Beschluß zu fassen" hat[3]. Erneut Beschluß gefaßt werden kann offensichtlich aber nur dann, wenn über das gleiche Thema schon vorher ein Beschluß gefaßt wurde.

2. Die systematisch-teleologische Interpretation des Art. 77 Abs. 2 GG

Für eine durch den Gesetzesbeschluß thematisch begrenzte Vermittlungskompetenz des Vermittlungsausschusses sprechen auch eine Reihe systematisch-teleologischer Gesichtspunkte.

a) Die Funktion des Vermittlungsausschusses

Schon der Zusammenhang des Art. 77 Abs. 2 GG mit Art. 77 Abs. 1 GG zeigt die thematische Begrenzung der Tätigkeit des Vermittlungs-

---

[1] Vgl. auch *Bismark*, DÖV 1983, S. 271; *Quaas*, WM 1982, S. 283; *Schleifenbaum / Kamphausen*, DWW 1983, Heft 4, S. 3; *Zeh*, Zur verfassungsrechtlichen Problematik einer Beschlußempfehlung des Vermittlungsausschusses, S. 1.

[2] Vgl. auch *Zeh*, Zur verfassungsrechtlichen Problematik einer Beschlußempfehlung des Vermittlungsausschusses, S. 2.

[3] Vgl. auch *Bismark*, DÖV 1983, S. 271; *Schleifenbaum / Kamphausen*, DWW 1983, Heft 4, S. 3; s. auch *Quaas*, WM 1982, S. 283.

ausschusses durch den Gesetzesbeschluß des Bundestags an. Der Vermittlungsausschuß ist demnach ersichtlich dahingehend konzipiert, Meinungsverschiedenheiten, die sich zwischen Bundestag und Bundesrat bezüglich eines Gesetzesbeschlusses ergeben, zu beseitigen. Die Beschäftigung mit Fragen, die nicht Gegenstand des Gesetzesbeschlusses waren, liegt damit grundsätzlich außerhalb seines Kompetenzbereichs[4].

Dafür spricht auch der Umstand, daß die Einschaltung des Vermittlungsausschusses in das Gesetzgebungsverfahren durch den Verfassungsgesetzgeber ersichtlich nicht als Regelfall, sondern nur als eine auf eine Krisensituation zugeschnittene Ausnahme angesehen wird. Eine solche Ausnahmebestimmung muß dann aber gemäß dem in der Methodenlehre überwiegend anerkannten Grundsatz „singularia non sunt extendenda"[5] eng interpretiert, d. h. in Richtung einer Restriktion der Vermittlungskompetenz des Vermittlungsausschusses verstanden werden. Das wird besonders deutlich, wenn man sich vor Augen hält, daß eine Erweiterung des Kompetenzbereichs des Vermittlungsausschusses durch eine Anreicherung seiner Verhandlungs- und Empfehlungsmasse notwendigerweise eine Verlagerung eines Teils der gesetzgeberischen Willensbildung weg von dem primär zur Gesetzgebung berufenen Verfassungsorgan Bundestag bedeutet, auch wenn dessen Entscheidungsbefugnis — legt man nur das Grundgesetz zugrunde — formal nicht angetastet erscheint. Eine enge Interpretation der Kompetenz des Vermittlungsausschusses ist daher angesichts der unmittelbaren demokratischen Legitimation des Bundestags nicht zuletzt vor dem Hintergrund des Demokratieprinzips indiziert[6].

b) Die Regelungen der GeschOVermA als Indizien für eine Beschränkung der Vermittlungskompetenz

Für eine einschränkende Auslegung der Vermittlungskompetenz des Vermittlungsausschusses spricht auch die gemeinsame Geschäftsordnung des Bundestages und des Bundesrates für den Ausschuß nach Art. 77 des Grundgesetzes (Vermittlungsausschuß). Zwar vermag diese das Vermittlungsverfahren näher regelnde Vorschrift als rangniedrigere Norm keine authentische Interpretation der Verfassung zu liefern. Damit wird ihr aber nicht die Bedeutung als Auslegungsbehelf für verfassungsrechtliche Bestimmungen abgesprochen. Sie besitzt insofern für

---

[4] Vgl. auch *Quaas*, WM 1982, S. 283; *Zuck / Quaas*, Zur Verfassungsmäßigkeit der Verzinsung und vorzeitigen Ablösung von Familienheimdarlehen gemäß den Änderungen durch das 2. HStruktG, S. 18.

[5] Vgl. hierzu RGZ 153, S. 1 (23); BGHZ 2, S. 237 (244); 4, S. 219 (222); 11, S. 135 (143); BSG NJW 1959, S. 167 (168).

[6] s. auch *Zeh*, Zur verfassungsrechtlichen Problematik einer Beschlußempfehlung des Vermittlungsausschusses, S. 3.

das Verständnis und die Interpretation des Verfassungsrechts durchaus Relevanz. Ulrich Scheuner[7] drückt dies treffend dahingehend aus: Die Geschäftsordnung „bleibt natürlich an die Verfassungsordnung gebunden, die sie nicht ändern kann. Aber sie kann bestimmte Möglichkeiten der Verfassung unterstreichen oder auch in bestimmtem Sinn festlegen. Sie ist insofern Ausdruck des Selbstverständnisses eines Parlaments, seiner Arbeitsweise oder auch seiner politischen Ambitionen. In besonderen Verhältnissen kann es dazu kommen, daß die Geschäftsordnung Verfassungsentwicklungen vorwegnimmt". Eine solche Einflußnahme der durch den Bundestag mit Zustimmung des Bundesrats beschlossenen GeschOVermA auf höherrangige Verfassungsnormen fügt sich auch in jene zunehmend an Gefolgschaft gewinnende Doktrin ein, die allgemein niederrangigen Rechtsvorschriften für die Auslegung höherrangiger Rechtsnormen Beachtlichkeit konzediert[8].

Bedenkt man, daß die Staatspraxis von Verfassungsorganen sich wesentlich in ihren Geschäftsordnungen artikuliert, so entspricht die Anerkennung der Bedeutung der Geschäftsordnung des Vermittlungsausschusses für die Interpretation des Art. 77 Abs. 2 GG auch jener Relevanz, die das BVerfG in anderem Zusammenhang der Staatspraxis für das Verständnis und die Auslegung von Verfassungsnormen auch jenseits von Verfassungsgewohnheitsrecht oder einem Verfassungswandel beimißt[9].

Sieht man sich die GeschOVermA unter diesem Aspekt näher an, so wird evident, daß auch sie von dem oben beschriebenen, schon durch die grammatikalische Auslegung des Art. 77 Abs. 2 GG indizierten Verständnis der Kompetenz des Vermittlungsausschusses ausgeht. Die Begrenzung des Vermittlungs- und Empfehlungsgegenstands des Vermittlungsausschusses wird insbesondere durch § 10 GeschOVermA nahegelegt[10].

---

[7] Vgl. *Scheuner*, Zur Entwicklung des parlamentarischen Verfahrens im Deutschen Bundestag, in: Demokratisches System und politische Praxis in der Bundesrepublik, hrsg. von Lehmbruch / v. Beyme / Fetscher, München 1971, S. 143 (146).

[8] Vgl. hierzu *v. Pestalozza*, Kritische Bemerkungen zu Methoden und Prinzipien der Grundrechtsauslegung in der Bundesrepublik Deutschland, Der Staat 1963, S. 425 (440 ff.); *Hesse*, Grundzüge des Verfassungsrechts der Bundesrepublik Deutschland, 14. Aufl., Heidelberg, 1984, S. 32 Rdnr. 85; *Schenke*, Verfassung und Zeit — Von der „entzeiteten" zur zeitgeprägten Verfassung, AöR Bd. 103 (1978), S. 566 (586 f.); s. zu der Problematik ausführlich auch *Leisner*, Von der Verfassungsmäßigkeit der Gesetze zur Gesetzmäßigkeit der Verfassung, Tübingen 1964, passim.

[9] Vgl. hierzu BVerfGE 62, S. 1 (38 f. u. 49).

[10] Vgl. auch *Reinert*, Vermittlungsausschuß und Conference Committees, Heidelberg 1966, S. 38.

Wenn dort von einem „Einigungsvorschlag" auf Änderung oder Aufhebung des vom Bundestag beschlossenen Gesetzes die Rede ist, so wird hier ersichtlich davon ausgegangen, daß Gegenstand der Verhandlungen eine Materie ist, über deren Regelung sich Bundestag und Bundesrat vorher nicht einig waren und die durch den Gesetzesbeschluß des Bundestags thematisch determiniert wird. Diese Voraussetzungen sind jedoch dann nicht erfüllt, wenn eine Materie, die nicht den Gegenstand des Gesetzesbeschlusses des Bundestags bildete und bezüglich derer deshalb auch noch gar keine abschließende Willensbildung des Bundestags vorliegen konnte, zum Gegenstand einer Gesetzesempfehlung des Vermittlungsausschusses gemacht wird. Einzig von einer Begrenzung des Empfehlungsvorschlags des Vermittlungsausschusses durch den Gesetzesbeschluß des Bundestags bzw. hiermit in unmittelbarem Sachzusammenhang stehender Fragen her ist auch die Vorschrift des § 10 Abs. 2 GeschOVermA legitimierbar[11], nach welcher der Bundestag nur über den Einigungsvorschlag abzustimmen hat, zu dem Vorschlag vor der Abstimmung nur Erklärungen abgegeben werden können und ein anderer Antrag zur Sache nicht zulässig ist (s. hierzu noch näher unter e).

Sachlich rechtfertigen läßt sich diese weitgehende Einschränkung der Rechte des Bundestags eben nur bei einer thematisch im wesentlichen durch den Gesetzesbeschluß des Bundestags begrenzten Vermittlungs- und Empfehlungsmasse des Vermittlungsausschusses.

Auch der § 6 GeschOVermA mit dem dort statuierten prinzipiellen Ausschluß nicht nur der Öffentlichkeit, sondern auch aller dem Vermittlungsausschuß nicht angehörenden Bundetagsabgeordneten (wie auch der Bundesratsmitglieder) wird erst im Hinblick darauf voll verständlich, daß die Bundestagsabgeordneten sich schon bei der vorhergehenden Beratung des Gesetzes im Parlament mit der hier geregelten Materie vertraut machen konnten. Es wäre aber höchst bedenklich, wenn den Abgeordneten eine Informationsmöglichkeit bezüglich eines Gesetzentwurfs abgeschnitten würde, der vorher im Bundestag noch gar nicht beraten werden konnte[12].

---

[11] s. auch *Wessel*, Der Vermittlungsausschuß nach Artikel 77 des Grundgesetzes, AöR Bd. 77 (1951/52), S. 283 (293 ff.).

[12] s. auch *Zeh*, Zur verfassungsrechtlichen Problematik einer Beschlußempfehlung des Vermittlungsausschusses, S. 3.

c) Die Neueinbeziehung eines Gesetzes als unzulässige Ausübung eines Gesetzesinitiativrechts durch den Vermittlungsausschuß

Würde man dem Vermittlungsausschuß erlauben, einen thematisch über den Gesetzbeschluß des Bundestags hinausreichenden Gesetzesentwurf zum Gegenstand seiner Verhandlungen und seiner Empfehlung zu machen, so liefe das der Sache nach darauf hinaus, dem Vermittlungsausschuß ein Recht zur Gesetzesinitiative zuzubilligen. Dies widerspräche aber der Regelung des Art. 76 Abs.1 GG, nach der das Recht der Gesetzesinitiative nur der Bundesregierung, der „Mitte des Bundestags" und dem Bundesrat zusteht[13]. Angesichts der politischen Bedeutung, die einem solchen Initiativrecht, das gem. Art. 77 Abs. 2 S. 5 GG ein Recht auf eine Entscheidung durch den Bundestag über die Gesetzesinitiative impliziert, zukommt, wäre es systemwidrig, wollte man dem Vermittlungsausschuß ein derartiges Recht zugestehen und ihn damit insoweit mit den Verfassungsorganen Bundestag, Bundesregierung und Bundesrat auf eine Stufe stellen[14].

Der Vorwurf eines verfassungswidrigen Verhaltens wegen unzulässiger Ausübung eines Gesetzesinitiativrechts durch den Vermittlungsausschuß muß auch dann aufrecht erhalten werden, wenn Teile der Gesetzesinitiative des Vermittlungsausschusses bereits den Gegenstand einer durch einen anderen Initianten gemäß Art. 76 GG eingebrachten Gesetzesvorlage bilden[15]. Eine Gesetzesinitiative verliert nämlich nicht dadurch ihren Charakter, daß der in ihr enthaltene Gesetzesvorschlag bereits den Gegenstand einer durch ein anderes Verfassungsorgan aus-

---

[13] So auch *Dietlein*, Der Dispositionsrahmen des Vermittlungsausschusses, NJW 1983, S. 80 (85); *Franßen*, Der Vermittlungsausschuß — politischer Schlichter zwischen Bundestag und Bundesrat? Bemerkungen zur Stellung des Vermittlungsausschusses im Gesetzgebungsverfahren, in: Die Freiheit des Anderen, Festschrift für Martin Hirsch, Baden-Baden 1981, S. 273 (284); *Henseler*, NJW 1982, S. 858; *Schleifenbaum / Kamphausen*, DWW 1983, Heft 4, S. 3; *Schmidt-Bleibtreu / Klein*, Kommentar zum Grundgesetz für die Bundesrepublik Deutschland, 6. Aufl., Neuwied und Darmstadt 1983, Art. 77 Rdnr. 8; s. auch den Bundestagsabgeordneten *O. Schneider* (CDU/CSU), BT-StenBer. 9/97, S. 5905 (A): „Der Vermittlungsausschuß muß sich innerhalb des vom Bundestag vorgegebenen Beschlußgegenstands und -rahmens halten. Er soll über beschlossene Gesetze vermitteln, nicht aber selbst unter Umgehung von Art. 76 Abs. 1 des Grundgesetzes eigene Gesetzesinitiativen entwickeln."

[14] s. auch *Zuck / Quaas*, Zur Verfassungsmäßigkeit der Verzinsung und vorzeitigen Ablösung von Familienheimdarlehen gemäß den Änderungen durch das 2. HStruktG, S. 19.

[15] Dies traf in dem hier zu untersuchenden Fall bezüglich Teilen des durch den Vermittlungsvorschlag eingefügten Art. 27 2. HStruktG, insbesondere § 18 a WoBindG i. d. F. des 2. HStruktG zu, da diese bereits vor Erstellung der Gesetzesempfehlung des Vermittlungsausschusses Gegenstand einer Gesetzesinitiative des Bundesrats bzw. der CDU/CSU-Fraktion waren (vgl. BT-Drucks. 9/743 u. 9/468).

geübten Gesetzesinitiative bildet. So können mehrere inhaltlich gleich-lautende Gesetzesinitiativen nebeneinander[16] betrieben werden, eine Feststellung, deren praktische Bedeutung sich unter anderem auch daran zeigt, daß jeder Gesetzesinitiant seine Gesetzesvorlage bis zur Beschlußfassung, d. h. bis zum Ende der 3. Lesung im Bundestag zu-rückziehen kann[17]. Durch eine solche Rücknahme wird dann die von einem anderen Verfassungsorgan ausgehende Gesetzesinitiative nicht betroffen[18].

d) Die unzulässige Verkürzung
des Gesetzgebungsverfahrens bei Ausdehnung
der Vermittlungskompetenz des Vermittlungsausschusses

Ein durch die Ausweitung der Vermittlungskompetenz begründetes Initiativrecht des Vermittlungsausschusses wäre um so problematischer, als hierbei — im Gegensatz zu den in Art. 76 Abs. 1 GG geregelten Initiativrechten von Bundesregierung, Mitte des Bundestags und Bun-desrat — eine vorangehende Beratung und Beschlußfassung des Ge-setzentwurfs durch Bundestag und Bundesrat unterbliebe und eine Ge-setzesinitiative des Vermittlungsausschusses damit zu einem verkürzten Ersatzgesetzgebungsverfahren führen würde[19].

Bedenkt man, daß nach dem eindeutigen Wortlaut des Art. 77 Abs. 2 S. 1 GG eine Anrufung des Vermittlungsausschusses erst dann zulässig ist, wenn ein Gesetzesbeschluß des Bundestags vorliegt und dieser durch den Bundesrat abgelehnt worden ist[20], so wird deutlich, daß es nicht zulässig sein kann, wenn der Vermittlungsausschuß einen Ge-setzesbeschluß zum Gegenstand seiner Empfehlungen macht, mit dem sich der Bundestag vorher noch gar nicht befaßt hatte oder der — wie im Fall des Art. 27 2. HStruktG geschehen — jedenfalls noch nicht

---

[16] Vgl. z. B. *Bryde,* in: v. Münch, Grundgesetz-Kommentar, Bd. 3, 2. Aufl., München 1983, Art. 76, Rdnr. 5.

[17] Vgl. für viele *Bryde,* in: v. Münch, GG, Bd. 3, Art. 76, Rdnr. 7; *v. Man-goldt / Klein,* Das Bonner Grundgesetz, Kommentar, Bd. II, 2. Aufl., Berlin und Frankfurt 1966, Art. 76, Anm. III 1 h.

[18] Im übrigen stimmten im vorliegenden Fall ohnehin die durch Bundesrat und CDU/CSU-Fraktion eingebrachten Gesetzentwürfe trotz einer weitge-henden Ähnlichkeit mit der vom Vermittlungsausschuß vorgeschlagenen und später Gesetz gewordenen Neufassung des § 18 a WoBindG nicht völlig über-ein.

[19] Vgl. *Jekewitz,* Der Vermittlungsausschuß. Verfassungsauftrag und Ver-fassungswirklichkeit, RuP 1982, S. 70 (72 f.).

[20] Daß eine Anrufung des Vermittlungsausschusses im Vorfeld des Geset-zesbeschlusses unzulässig ist, entspricht allgemeiner Meinung, vgl. z. B. *Hen-seler,* NJW 1982, S. 850; *v. Mangoldt / Klein,* GG, Bd. II, Art. 77, Anm. IV 6 f.; *Neunreither,* Der Bundesrat zwischen Politik und Verwaltung, Heidelberg 1959, S. 76; *Wessel,* AöR Bd. 77 (1951/52), S. 293 ff.

näher beraten worden war. Die Unzulässigkeit einer solchen Prozedur ergibt sich dabei ganz unabhängig von der Beantwortung der Frage, ob und wie viele Lesungen durch das Grundgesetz für das Gesetzgebungsverfahren gefordert werden.

e) Die Ausdehnung der Vermittlungskompetenz als Verstoß gegen das Demokratieprinzip

Die Rechtswidrigkeit der Einbeziehung eines über den Gesetzesbeschluß des Bundestags hinausreichenden Gesetzes sowohl in die Verhandlungen wie auch in die Beschlußempfehlungen des Vermittlungsausschusses folgt aber auch aus einem Verstoß gegen das Demokratieprinzip[21].

Zwar läßt sich aus dem Demokratieprinzip wie auch aus sonstigem Verfassungsrecht — entgegen einer in der Literatur[22] vertretenen Auffassung — nicht das Erfordernis einer mehrfachen Lesung eines Gesetzentwurfs ableiten. Wohl aber ergibt sich hieraus die Notwendigkeit zumindest einer Lesung, in welcher dem einzelnen Abgeordneten die Wahrung seiner verfassungsmäßig garantierten Rechte möglich ist[23]. Diesem Postulat wird aber bei einem Überschreiten der Vermittlungskompetenz des Vermittlungsausschusses durch Einbeziehung eines über den Gesetzesbeschluß des Bundestags thematisch hinausreichenden Gesetzes nicht genügt. Keiner näheren Erörterung bedarf es dabei, daß die Verhandlungen in dem nichtöffentlichen (vgl. § 6 GeschOVermA) und nicht unmittelbar demokratisch legitimierten Vermittlungsausschuß selbstverständlich keinen Ersatz für die öffentliche Verhandlung im Parlament (s. Art. 42 Abs. 1 GG) zu bilden vermögen. Dies gilt um so mehr, als die Kurzprotokolle über die Verhandlungen des Vermittlungsausschusses erst jeweils in der übernächsten Legislaturperiode veröffentlicht werden und auch die Beziehungen des Vermittlungsausschusses zur Presse von seiten des Vermittlungsausschusses bewußt so

---

[21] Ebenso *Schulze-Fielitz*, NVwZ 1983, S. 714; s. auch *Conradi*, BT-StenBer. 9/73, S. 4269.

[22] Vgl. *v. Mangoldt / Klein*, GG, Bd. II, Art. 77, Anm. III 6 a; treffend demgegenüber *Jekewitz*, Ein ritualisierter historischer Irrtum, Der Staat 1976, S. 550; BVerfGE 1, S. 144 (151); 29, S. 221 (234); HessStGH, DVBl. 1967, S. 83.

[23] Dieses Ergebnis läßt sich hingegen nicht allein aus Art. 42 Abs. 1 S. 1 GG ableiten (nicht ganz eindeutig insoweit *Bismark*, DÖV 1983, S. 273). Diese Vorschrift besagt in der Tat nur (vgl. BVerfGE 1, S. 144 [152]), daß das Plenum des Bundestags, wenn es verhandelt, öffentlich verhandeln muß, es ist ihm hingegen (jedenfalls isoliert gesehen) nichts darüber zu entnehmen, wann im Plenum verhandelt werden muß. Das Erfordernis einer der Beschlußfassung vorangehenden Behandlung des Gesetzentwurfs in dem eben gekennzeichneten Sinn läßt sich damit erst auf der höheren Abstraktionsebene des Demokratieprinzips begründen, als dessen Ausfluß sich freilich Art. 42 Abs. 1 GG darstellt.

gestaltet werden, daß die Vermittlungsverhandlungen keine große Publizität erhalten[24].

Auch das der Beschlußempfehlung des Vermittlungsausschusses folgende Verfahren des Bundestags vermag nicht demokratische Defizite zu beseitigen. Solche sind insbesondere noch nicht dadurch behoben, daß der Bundestag dem Vermittlungsvorschlag des Vermittlungsausschusses zustimmt. Das BVerfG hat in seiner Rechtsprechung schon frühzeitig[25] die Bedeutung der einem Gesetzesbeschluß des Bundestags vorausgehenden Beratung betont. Sie hat ihren Eigenwert[26] sogar dann, wenn eine Gesetzesinitiative bei der Abstimmung nicht die erforderliche Mehrheit erlangt. Eine solche Gesetzesberatung muß dabei gewissen verfassungsrechtlichen Mindesterfordernissen genügen, denen das der Abstimmung über den Vermittlungsvorschlag unmittelbar vorausgehende Verfahren im Bundestag nicht entspricht. Für dieses ist nämlich in § 10 Abs. 2 GeschOVermA vorgesehen, daß zu dem Vorschlag vor der Abstimmung lediglich Erklärungen abgegeben werden können und ein anderer Antrag zur Sache nicht zulässig ist. Diese Regelungen mit der Beschränkung der Rechte der Abgeordneten sind verfassungsrechtlich zwar dann unbedenklich, wenn die einzelnen Abgeordneten vor der Durchführung des Vermittlungsverfahrens jene Rechte hatten, die ihnen durch § 10 Abs. 2 GeschOVermA beschnitten werden; sie genügen aber dann nicht mehr den demokratischen Standards, wenn durch den Vermittlungsausschuß ein neues, thematisch anders geartetes Gesetz empfohlen wird, zu dem sich der Abgeordnete naturgemäß vorher im Gesetzgebungsverfahren nicht äußern konnte[27].

In diesem Fall lassen es sowohl der Ausschluß von Sachanträgen wie auch die Beschränkung der Bundestagsabgeordneten auf die Abgabe von Erklärungen als ausgeschlossen erscheinen, das sich an den Vermittlungsvorschlag des Vermittlungsausschusses anschließende Verfahren als dem Demokratieprinzip genügend zu bewerten. Wie das

---

[24] Vgl. dazu *Reinert*, Vermittlungsausschuß und Conference Committees, S. 158.

[25] Vgl. BVerfGE 1, S. 144 (153 f.).

[26] Vgl. BVerfGE 1, S. 144 (154).

[27] Wenn *Trossmann*, Bundestag und Vermittlungsausschuß, JZ 1983, S. 12 den durch § 10 Abs. 2 GeschOVermA statuierten Ausschluß von Änderungsanträgen damit rechtfertigt, daß die Zulassung von Sachanträgen zu einer unzulässigen 4. Beratung des Gesetzentwurfs führen würde, so ist diese Begründung zwar dann durchschlagend, wenn sich die Gesetzesempfehlung des Vermittlungsausschusses thematisch innerhalb des vor Anrufung des Vermittlungsausschusses ergangenen Gesetzesbeschlusses des Bundestags hält, sie zieht aber dann nicht mehr, wenn der Vermittlungsausschuß eine vorher noch gar nicht beratene Materie in seinen Vermittlungsvorschlag einbezieht. Konsequenterweise geht denn auch *Trossmann*, JZ 1983, S. 10 von der Unzulässigkeit eines über den Gesetzesbeschluß des Bundestags thematisch hinausreichenden Vermittlungsvorschlags aus.

BVerfG[28] zu Recht ausgeführt hat, muß die Mitwirkung aller Abgeordneten bei der Entscheidung des Bundestags „nach Möglichkeit und im Rahmen des demokratisch-parlamentarischen Systems des Grundgesetzes Vertretbaren sichergestellt sein. Daraus folgt, daß eine Regelung geschaffen sein muß, die dem einzelnen Abgeordneten eine solche Mitwirkung in dem von der Sache her gebotenen Umfang ermöglicht"[29]. Der Ausschluß von Sachanträgen und damit der Möglichkeit, selbst auf die inhaltliche Gestaltung eines Gesetzesentwurfs Einfluß zu nehmen, entspricht diesen Kriterien nicht[30].

Ebenso bleibt die durch § 10 Abs. 2 GeschOVermA dem einzelnen Abgeordneten eingeräumte Möglichkeit zur Abgabe von Erklärungen hinter dem verfassungsrechtlich Gebotenen zurück. Die hier zugelassenen Erklärungen markieren ein Minus gegenüber der parlamentarischen Verhandlung. Rede und Gegenrede, wie sie für eine parlamentarische Debatte essentiell sind, werden hierdurch ausgeschlossen[31].

Damit würde aber bei Neueinführung eines vorher durch den Bundestag nicht beratenen Gesetzesentwurfes in den Vermittlungsvorschlag das parlamentarisch-demokratische System des Grundgesetzes in seinem Nerv getroffen. Dieses beruht[32] „auf dem Kampf der freien Meinungen". Es gilt damit, vorbehaltlich abweichender, durch besondere Gründe gerechtfertigter Regelungen, wie sie sich etwa in Art. 63 Abs. 1 GG finden, das Diskussionsprinzip, d. h. Rede und Gegenrede müssen zulässig sein[33]. Das BVerfG führte[34] hierzu aus: „Das Grundgesetz geht

---

[28] Vgl. BVerfGE 44, S. 308 (316).

[29] Ebenso *Bismarck*, DÖV 1983, S. 271.

[30] Nicht überzeugend deshalb VG Schleswig, BBauBl. 1983, S. 51 (53), nach dem es kein verfassungsmäßiges Recht des Bundestagsabgeordneten gäbe, mit Änderungsanträgen auf einen Gesetzesentwurf einzuwirken.

[31] Kennzeichnend hierfür ist z. B., daß in der Sitzung, in welcher der Bundestag über die Vermittlungsempfehlungen des Vermittlungsausschusses zum 2. HStruktG abstimmte, Bundestagspräsident *Stücklen* den Bundestagsabgeordneten *Westphal* (SPD), der sich mit der vorangegangenen Erklärung des Abgeordneten *Kreile* (CDU/CSU) auseinandersetzen wollte, mit den Worten unterbrach (BT-StenBer. 9/73, S. 4265): „Herr Abgeordneter Westphal, es sind hier Erklärungen abzugeben und nicht Diskussionen zu führen". Siehe z. B. auch *Trossmann*, Parlamentsrecht des Deutschen Bundestages, Kommentar, München 1977, § 91 GeschOBT, Rdnr. 6.1.: „Unzulässig ist es, die Möglichkeit, Erklärungen abzugeben, zu Auseinandersetzungen mit gegenteiligen Auffassungen zu benutzen, somit in eine Diskussion einzutreten"; übersehen wird der hier bestehende Unterschied vom VG Schleswig, BBauBl. 1983, S. 51 (53), nach dem Art. 38 GG und Art. 42 GG lediglich zu entnehmen sei, daß der Abgeordnete seine politische und persönliche Meinung in dem Parlament vortragen könne.

[32] BVerfGE 2, S. 143 (172).

[33] Vgl. auch *Trossmann*, JZ 1983, S. 11; *Stern*, Das Staatsrecht der Bundesrepublik Deutschland, Bd. II, München 1980, S. 623, § 37 III 5; s. auch *von der Heide*, Der Vermittlungsausschuß. Praxis und Bewährung, DÖV 1953, S. 131; *Däubler-Gmelin*, BT-StenBer. 9/97, S. 5908.

davon aus, daß der Bundestag die Vertretung des Volkes ist, in der die
Fragen der Staatsführung, insbesondere der Gesetzgebung, in Rede und
Gegenrede der einzelnen Abgeordneten zu erörtern sind. Der Ausdruck
‚verhandeln‘, den das Grundgesetz in Art. 42 verwendet, um die Tätigkeit des Bundestags zu bezeichnen, hat diesen Sinn". Eine solche Verhandlung dient nicht nur der Effektuierung des status activus der
Bundestagsabgeordneten, sie erhöht auch die Wirkungskraft der für die
parlamentarische Demokratie wesensnotwendigen Opposition[35] und ver-
leiht dem Gesetzgebungsverfahren erst jene Transparenz, die den
staatlichen Willensbildungsprozeß für den Bürger überschaubar und
kontrollierbar macht[36].

Die parlamentarische Debatte liefert damit zusammenhängend einen
wichtigen Beitrag zur staatlichen Integration[37] und zur politischen
Willensbildung des Volkes. Das für die Demokratie essentielle Grundrecht der Informationsfreiheit (Art. 5 Abs. 1 S. 1 GG) würde ausgehöhlt,
wenn man dem Bürger die Unterrichtung über die den bedeutsamen
politischen Entscheidungen zugrundeliegenden Beweggründe in dieser
Weise verkürzte[38].

Die unter dem Aspekt des Demokratieprinzips erhobenen Bedenken
gegen einen den Gesetzesbeschluß des Bundestags thematisch überschreitenden Vermittlungsvorschlag lassen sich auch nicht unter Hinweis auf das dem Bundestag zustehende Recht, vor Abstimmung über
den Vermittlungsvorschlag diesen an die Fachausschüsse zu überwei-
sen, in Frage stellen. Zwar wird der § 10 Abs. 2 S. 3 GeschOVermA
(„Ein anderer Antrag zur Sache ist nicht zulässig") von der h. M. so
interpretiert, daß hierunter Anträge auf Überweisung an einen Ausschuß nicht fallen[39], da es sich hierbei nicht um Sach-, sondern um

---

[34] Vgl. BVerfGE 10, S. 4 (12).

[35] Vgl. hierzu *Hans-Peter Schneider*, Die parlamentarische Opposition im
Verfassungsrecht der Bundesrepublik Deutschland, Bd. 1, Frankfurt 1974,
passim.

[36] Deshalb ist es nicht richtig, wenn *Strohmeier*, Der Vermittlungsausschuß
als Überausschuß? Anmerkungen zur Kompetenz des Vermittlungsausschusses anläßlich seiner Beschlußempfehlung zu Art. 26 a 2. Haushaltsstrukturgesetz 1982, ZParl. 1982, S. 479 annimmt, das Postulat der Transparenz demo-
kratischer Prozesse sei auch insoweit nur ein verfassungspolitisches Argument.

[37] Vgl. hierzu *Maunz / Dürig / Herzog / Scholz*, Grundgesetz, Kommentar,
München Stand 1983, Art. 42, Rdnr. 1.

[38] s. auch *Zeh*, Zur verfassungsrechtlichen Problematik einer Beschlußempfehlung des Vermittlungsausschusses, S. 3.

[39] So z. B. *Ritzel / Bücker*, Handbuch der Parlamentarischen Praxis, Frank-
furt/M. 1982, § 90 GeschOBT, Anm. f; *Trossmann*, Parlamentsrecht des Deutschen Bundestages, § 91 GeschOBT, Rdnr. 2; a. A. aber offenbar *Reinert*,
Vermittlungsausschuß und Conference Committees, S. 165.

Geschäftsordnungsanträge handelt. Die Zulässigkeitt einer solchen
Verfahrensweise ändert aber nichts an demokratischen Defiziten, wie
sie aus der Überschreitung der Vermittlungskompetenz durch den Vermittlungsausschuß resultieren. Eine allgemeine parlamentarische Debatte könnte in den Ausschüssen nicht geführt werden, da hier prinzipiell nur den Ausschußmitgliedern ein Rederecht zusteht und zudem
durch die Beratung in den Ausschüssen nicht jene Öffentlichkeit er-
zeugt werden kann (vgl. § 69 GeschOBT) wie im Plenum. Überdies
wäre es auch in den Ausschüssen nicht möglich bzw. nicht sinnvoll,
Sachanträge in bezug auf die Gesetzesempfehlungen des Vermittlungsausschusses zu stellen. Diese könnten in der Plenarsitzung des Bundestags, deren Vorbereitung die Ausschußsitzungen dienen sollen, wegen
§ 10 Abs. 2 S. 3 GeschOVermA nicht zur Abstimmung gestellt werden.

Die gerade oben unter demokratierechtlichen Gesichtspunkten
erhobenen Einwände gegen einen den Gesetzesbeschluß des Bundestags thematisch überschreitenden Vermittlungsvorschlag werden
nicht ausreichend gewürdigt, wenn in der Literatur z. T. be-
hauptet wird[40], aus dem Demokratieprinzip sei nur das Erfordernis einer öffentlichen Beschlußfassung über das Ergebnis des Gesetzes
ableitbar. Die als Beleg für diese Meinung angeführte Judikatur des
BVerfG gibt für eine solche Auffassung ersichtlich nichts her; sie
widerspricht ihr vielmehr, wie oben gezeigt, eindeutig. So überzeugt es
insbesondere nicht, wenn Henseler[41] dem Urteil des BVerfG zum Saarländischen Landtagsgesetz[42] entnehmen will, daß nur die Beschlußfassung vor den Augen der Öffentlichkeit zu erfolgen habe. Eine Ana-
lyse der Passage des Urteils, auf die sich Henseler beruft, zeigt die
Fehlinterpretation des Urteils unschwer auf. Es heißt dort[43]: „Gerade in
einem solchen Fall (bei dem der Landtag über eigene Angelegenheiten
entscheidet — Anm. des Verf.) verlangt aber das demokratische und
rechtsstaatliche Prinzip (Art. 20 GG), daß der gesamte Willensbildungsprozeß für den Bürger durchschaubar ist und das Ergebnis vor den
Augen der Öffentlichkeit beschlossen wird. Denn dies ist die einzig
wirksame Kontrolle. Die parlamentarische Demokratie basiert auf dem
Vertrauen des Volkes; Vertrauen ohne Transparenz, die erlaubt zu ver-
folgen, was politisch geschieht, ist nicht möglich". Das BVerfG kam deshalb im konkreten Fall zum Ergebnis, daß eine Regelung, die die Festsetzung der Entschädigung von Landtagsabgeordneten durch das Prä-

---

[40] So *Henseler*, NJW 1982, S. 854 f.; *Kohlenbach*, Die Zinserhöhungsermächtigung des 2. Haushaltsstrukturgesetzes — eine verfassungsrechtliche Betrachtung, BBauBl. 1983, S. 14.
[41] Vgl. *Henseler*, NJW 1982, S. 854.
[42] Vgl. BVerfGE 40, S. 296 ff.
[43] BVerfGE 40, S. 296 (327).

sidium des Landtags und nicht durch den Landtag selbst im Gesetzgebungsverfahren vorsah, verfassungswidrig sei[44].

Die Stoßrichtung dieser Argumentation wird in ihr genaues Gegenteil verkehrt, wenn gerade aus ihr eine Einschränkung der Transparenz
des Verfahrens gefolgert würde, wie sie sich beim Fehlen einer dem
Vermittlungsvorschlag vorausgehenden Beratung im Bundestag in
Konsequenz des in § 10 Abs. 2 S. 2 GeschOVermA statuierten Aus-
schlusses der parlamentarischen Verhandlung ergeben müßte. Da unter
dem Gesichtspunkt demokratisch geforderter Transparenz zwischen der
durch den Landtag beschlossenen Höhe der Vergütung und jener durch
das Landtagspräsidium festgesetzten kein prinzipieller Unterschied
besteht[45], kann das Urteil sinnvollerweise nur so verstanden werden,
daß auch hier dem der Beschlußfassung des Parlaments vorausgehenden Verfahren eine besondere Bedeutung beigemessen wird und deshalb die Festsetzung der Abgeordnetenentschädigung durch das Landtagspräsidium als verfassungswidrig angesehen wurde. Daß die Entscheidung des BVerfG mit Sicherheit nicht im Sinne einer Entbehrlichkeit des der Beschlußfassung des Parlaments vorausgehenden Verfahrens interpretiert werden kann, wird auch an dem Umstand offenbar,
daß das BVerfG kurz vorher (im gleichen Band der Amtlichen Samm-
lung)[46] die Ausdehnung des Gesetzesvorbehalts über den Bereich der
Eingriffsverwaltung hinaus mit dem Argument rechtfertigte: „ . . . das
parlamentarische Verfahren gewährleistet ein höheres Maß an Öffentlichkeit der Auseinandersetzung und Entscheidungssuche und damit
auch größere Möglichkeiten eines Ausgleichs widerstreitender Interessen". Die Verfehltheit der Auffassung, das BVerfG habe sich im Urteil
zum Saarländischen Landtagsgesetz für eine Entbehrlichkeit der der Beschlußfassung des Parlaments vorausgehenden parlamentarischen Verhandlung entschieden, wird noch offenbarer, wenn man bedenkt, daß
sich das BVerfG in seiner früheren, oben zitierten Rechtsprechung[47]
eindeutig in dem Sinn festgelegt hat, daß die Verhandlungen im Plenum ein Essentiale des Gesetzgebungsverfahrens darstellen. Hätte das
Gericht von dieser Rechtsprechung abrücken wollen, so hätte es dies
mit Sicherheit klar zum Ausdruck gebracht. Bezeichnenderweise fehlt
aber an der von Henseler als Beleg für seine Auffassung angeführten
Stelle ein Hinweis auf die Entscheidung BVerfGE 10, S. 4 ff.

Ein Abrücken von seiner früheren Rechtsprechung in dieser bedeutsamen Frage hätte im übrigen der Sache nach nichts anderes als die

---

[44] Vgl. BVerfGE 40, S. 296 (327).

[45] Insoweit zutreffend das Sondervotum von *Seufert*, BVerfGE 40, S. 330
(349).

[46] Vgl. BVerfGE 40, S. 237 (249).

[47] Vgl. BVerfGE 10, S. 4 (12).

verfassungsgerichtliche Tolerierung der Institutionalisierung des von Quaritsch so plastisch umschriebenen Phänomens des „parlamentslosen Parlamentsgesetzes"[48] bedeutet und hierbei in seiner Tragweite weit über die behandelte, sich in Verbindung mit der Tätigkeit des Vermittlungsausschusses stellende Problematik hinausgereicht. Zwar wird, wie auch das BVerfG in seiner Judikatur zutreffend betont hat[49], heute ein wesentlicher Teil der Arbeit des Parlaments nicht im Plenum, sondern in den Ausschüssen geleistet. Für eine den Gesetzesbeschluß des Bundestags thematisch überschreitende Vermittlungstätigkeit ergibt sich von hierher jedoch keine Rechtfertigung. Ihr stehen nicht nur — vgl. dazu weiter unten — die prinzipiellen Unterschiede in der Verfahrensweise und der Rechtsstellung von Fachausschüssen und Vermittlungsausschuß entgegen. Einem solchen Versuch zur Legitimation ist vor allem entgegenzuhalten, daß mit dem zutreffenden Befund, daß ein erheblicher Teil der Parlamentsarbeit in den Ausschüssen geleistet wird, noch in keiner Weise eine Aussage über die Zulässigkeit einer Regelung getroffen wird, die die parlamentarische Verhandlung im Plenum ausschließt. Ganz im Gegenteil ist gerade die dem einzelnen Abgeordneten eingeräumte Befugnis, Sachanträge im Plenum zu stellen und hier öffentlich zu verhandeln, eine wichtige und unentbehrliche Ergänzung zur Übertragung vorbereitender Gesetzgebungsaufgaben auf die Ausschüsse. Diese erfährt von hierher erst ihre Berechtigung. Ein Ausschluß von Sachanträgen in Verbindung mit der vorher erfolgten Einbeziehung einer neuen gesetzlichen Materie in die Verhandlungs- und Empfehlungsmasse des Vermittlungsausschusses würde im übrigen noch insofern spezifische Probleme aufwerfen, als jene Defizite, die das Verfahren im Plenum hier aufweist, noch nicht einmal partiell durch die Tätigkeit von Parlamentsausschüssen kompensierbar sind. So könnten bei einer nach h. M. zulässigen Überweisung der Vermittlungsvorschläge in die Fachausschüsse (vgl. hierzu näher unter III, 2) auch in diesen sinnvollerweise keine auf Veränderung des Vermittlungsvorschlags zielenden Sachanträge gestellt werden, da über diese im Plenum gemäß § 10 Abs. 2 GeschOVermA nicht abgestimmt zu werden vermöchte.

Ebenso wie die Entscheidung BVerfGE 40, S. 296 ff. nicht für die Auffassung Henselers ins Feld geführt werden kann, gilt das auch für die zweite, von ihm als Beleg für seine Rechtsmeinung[50] bemühte Entscheidung BVerfGE 29, S. 221 ff. Henseler glaubt ihr entnehmen zu können, daß hier das BVerfG auch die 2. Lesung eines Gesetzes für entbehrlich

---

[48] Vgl. hierzu *Quaritsch*, Das parlamentslose Parlamentsgesetz, 2. Aufl., Frankfurt 1961.
[49] Vgl. BVerfGE 44, S. 308 (317).
[50] Vgl. *Henseler*, NJW 1982, S. 854 f.

angesehen habe, „obwohl der einzelne Abgeordnete nur in dieser Lesung die Möglichkeit hat, sich ohne Unterstützung anderer mit Sachanträgen in das Verfahren einzuschalten (§ 82 I GeschOBT). Wenn jedes Gesetz wirklich aus einem öffentlichen Wettstreit von Rede und Gegenrede einzelner Parlamentarier hervorgehen müßte, dürfte gerade die 2. Lesung aus verfassungsrechtlicher Sicht nicht zur Disposition der Bundestagsmehrheit stehen"[51]. Abgesehen davon, daß mit dieser Argumentation nur der Ausschluß des Rechts zur Stellung von Sachanträgen gerechtfertigt werden könnte, geht sie schon deshalb fehl, weil auch hier das BVerfG fälschlich als Beleg für eine Auffassung benutzt wird, die von ihm nie vertreten wurde. In der zitierten Entscheidung des BVerfG[52] wird lediglich ausgeführt, es könne darin kein Rechtsverstoß gesehen werden, „daß die Koalitionsfraktionen in der zweiten Lesung bereits vorbereitete Änderungsanträge für die dritte Lesung zurückgestellt und gleichlautende Anträge der Opposition in der zweiten Lesung abgelehnt hätten, nur um die dritte Lesung der zweiten unmittelbar folgen lassen zu können". Mit anderen Worten, auch bei dem dem Urteil zugrundeliegenden Sachverhalt fand eine 2. Lesung statt. Das BVerfG hielt es lediglich für unbedenklich, wenn in der 2. Lesung bestimmte Sachanträge zurückgestellt bzw. abgelehnt werden, um das Gesetzgebungsverfahren zu beschleunigen. Durch dieses Verhalten wurden aber in keiner Weise die Rechte der Abgeordneten in der 2. Lesung beschnitten. Der Trugschluß in der Argumentation von Henseler liegt darin, daß er fälschlich das Nichtgebrauchmachen von Rechten mit dem (durch § 10 Abs. 2 GeschOVermA) normativ verordneten Ausschluß dieser Rechte gleichsetzt. Auf derselben irrigen Prämisse beruht es bezeichnenderweise auch, wenn Henseler fortfährt: „In der Tat verlangt das Grundgesetz nicht, daß sich der gesamte Willensbildungsprozeß, der einem Gesetz vorausgeht, von der Öffentlichkeit abspielt". Auch hier wird nicht differenziert zwischen der (in der Tat nicht verfassungsrechtlich vorgeschriebenen) Notwendigkeit einer öffentlichen Diskussion eines Gesetzes im Plenum und dem (allerdings von Verfassungs wegen gewährten) Recht der Abgeordneten, eine solche Diskussion herbeiführen zu können und in Verbindung mit ihr Sachanträge zu stellen. Für die Auffassung Henselers gibt es im übrigen auch nichts her, wenn in der von ihm in Bezug genommenen Entscheidung des BVerfG[53] ausgeführt wird, daß eine Beratung des Gesetzentwurfs in 3 Lesungen verfassungsrechtlich nicht vorgeschrieben ist. Mit dieser uneingeschränkt zu unterstreichenden Feststellung des BVerfG ist nämlich in keiner Weise gesagt, daß hierdurch zugleich der normative Ausschluß einer parla-

---

[51] Vgl. *Henseler*, NJW 1982, S. 855.
[52] Vgl. BVerfGE 29, S. 221 (234).
[53] Vgl. BVerfGE 29, S. 221 (234).

mentarischen Verhandlung und des Rechts des einzelnen Abgeordneten zur Stellung von Sachanträgen gleichfalls — im Gegensatz zu der vom BVerfG früher (s. oben) ausdrücklich vertretenen Meinung — für verfassungsrechtlich zulässig erklärt worden wäre.

Nicht überzeugend ist es schließlich auch, wenn Henseler[54] Art. 115 d GG als Beleg für die von ihm vertretene Reduktion des Inhalts des Demokratieprinzips ins Feld führt. Abgesehen davon, daß Art. 115 d GG eine Verkürzung des normalen Gesetzgebungsverfahrens ohnehin schon deshalb nicht rechtfertigen könnte, weil diese die Gesetzgebung im Verteidigungsfall regelnde Vorschrift ersichtlich auf eine Ausnahmesituation zugeschnitten ist, lassen sich bei Licht gesehen gerade dieser Verfassungsnorm — im Wege eines argumentum a minore ad maius — wesentliche Anhaltspunkte dafür entnehmen, daß es nicht zulässig ist, durch eine sich vom Thema des Gesetzesbeschlusses des Bundestags lösende Vermittlungtätigkeit des Vermittlungsausschusses die Rechte des Bundestags zu beschneiden. Wenn nämlich nach Art. 115 d Abs. 2 S. 2 GG selbst im Verteidigungsfall eine (gemeinsame) Beratung von Gesetzentwürfen durch Bundestag und Bundesrat gefordert wird, so kann auf eine solche Beratung erst recht nicht im Rahmen des normalen Gesetzgebungsverfahrens verzichtet werden. Der Begriff des Beratens, der synonym mit dem der Verhandlung bzw. der Aussprache gebraucht wird[55], impliziert ein kommunikatives, auf gegenseitige Willensbeeinflussung gerichtetes Moment und damit die Möglichkeit einer Rede und Gegenrede einschließenden Diskussion. Er geht damit über die nach § 10 Abs. 2 S. 2 GeschOVermA zulässige Abgabe von Erklärungen hinaus. Damit erhellt von hierher zusätzlich die Problematik einer Ausweitung der Vermittlungskompetenz. Art. 115 d GG enthält im übrigen entgegen Henseler auch keine Anhaltspunkte dafür, daß hier die Beratung nicht öffentlich sei, vielmehr dürfte auch hier entsprechend Art. 42 GG grundsätzlich das Prinzip der Öffentlichkeit gelten[56], das hier allerdings nach Maßgabe der gemäß Art. 115 d Abs. 2 S. 4 GG erlassenen Gechäftsordnung einschränkbar ist. Diese Geschäftsordnung für das Verfahren nach Art. 115 d des Grundgesetzes vom 23. 7. 1969 (BGBl. I, S. 1100) hat bezeichnenderweise auch keine über das sonstige Maß hinausreichende Möglichkeit zur Einschränkung der Öffentlichkeit vorgesehen, sondern verweist in ihrem § 6 S. 1 auf die entsprechenden Bestimmungen der GeschOBT. Letztlich kann jedoch die Frage, inwieweit eine stärkere Beschränkung der Öffentlichkeit im Gesetzgebungs-

---

[54] Vgl. *Henseler*, NJW 1982, S. 855.

[55] Vgl. z. B. *Trossmann*, Parlamentsrecht des Deutschen Bundestages, § 27 GeschOBT, Rdnr. 2.

[56] Davon geht wohl auch *Maunz / Dürig / Herzog / Scholz*, GG, Art. 115 d, Rdnr. 20 aus.

3*

verfahren des Art. 115d GG zulässig ist, hier ohnehin dahingestellt bleiben, da jedenfalls für die im Plenum des Bundestags erforderliche, nicht zuletzt durch Art. 115d GG indizierte Beratung im Bundestagsplenum gemäß Art. 42 GG grundsätzlich die Öffentlichkeit gewährleistet sein muß.

Aus dem vorher Gesagten läßt sich bereits mittelbar unschwer schließen, daß es verfehlt ist, wenn man den unter demokratischen Gesichtspunkten gegen das Verfahren des Vermittlungsausschusses erhobenen Einwänden mit dem Argument entgegentritt, es sei in der parlamentarischen Praxis nichts Außergewöhnliches, daß wichtige Vorentscheidungen in anderen Gremien, insbesondere in den Bundestagsausschüssen, fallen. Dieses vom niedersächsischen Ministerpräsidenten Dr. Albrecht in der 507. Bundesratssitzung[57] zur Rechtfertigung des Verfahrens des Vermittlungsausschusses gebrauchte Argument ist aus verschiedenen Gründen nicht stichhaltig. Es überzeugt schon deshalb nicht, weil durch die Tätigkeit der Bundestagsausschüsse im Rahmen des Gesetzgebungsverfahrens die Kompetenzen des Bundestagsplenums wie auch die einzelner Abgeordneter nicht in der Weise eingeschränkt werden, wie dies bei einer Gesetzesempfehlung zutrifft, die über die Thematik des Gesetzesbeschlusses des Bundestags hinausreicht. Während der Bundestag die Beschlußempfehlungen seiner Ausschüsse jederzeit zu ändern vermag, fehlt ihm dieses Recht bezüglich des Einigungsvorschlags des Vermittlungsausschusses, den er nur annehmen oder ablehnen kann. Die Befugnis, Sachanträge zu stellen und parlamentarisch zu verhandeln, wie sie in bezug auf die Beschlußempfehlungen der Ausschüsse gewährleistet ist, wird durch § 10 Abs. 2 GeschOVermA gerade ausgeschlossen. Albrecht widerspricht sich[58] im übrigen bei seiner Argumentation selbst, wenn er ausführt: „Das Entscheidende ist — ich wiederhole es —, daß anschließend nach Debatten im Plenum des Bundestages und des Bundesrates in aller Öffentlichkeit entschieden wird". Gerade bei dieser unbestreitbar richtigen Feststellung hätte er bei der Einfügung des thematisch über den urspünglichen Gesetzesbeschluß des Bundestags hinausreichenden Art. 27 2. HStruktG (vgl. unter II) die Verfassungswidrigkeit des Gesetzgebungsverfahrens bejahen müssen, da in der Abgabe von Erklärungen gemäß § 10 Abs. 2 GeschOVermA eben gerade keine Debatte gesehen werden kann. Zudem bestehen in der Zusammensetzung und Verfahrensweise von Vermittlungsausschuß und den Bundestagsausschüssen gravierende Unterschiede (vgl. z. B. § 6 GeschOVermA einerseits, § 69 GeschOBT andererseits), welche der von Albrecht gezogenen Parallele entgegenstehen. Vor allem ist jedoch zu

---

[57] Vgl. *Albrecht*, BR-StenBer. 507/81, S. 446.
[58] Vgl. *Albrecht*, BR-StenBer. 507/81, S. 447.

beachten, daß selbst die Befugnisse der Bundestagsausschüsse, Beschlußempfehlungen vorzubereiten, gemäß § 62 Abs. 1 S. 2 GeschOBT auf
solche Beschlüsse beschränkt sind, die sich auf die den Ausschüssen überwiesenen Vorlagen oder die mit diesen in unmittelbarem Zusammenhang stehenden Fragen beziehen[59]. Die thematische Begrenzung der Beschlußempfehlung der Sachausschüsse des Bundestags soll einer Verkürzung der Befugnisse anderer am Gesetzgebungsverfahren beteiligter
Organe entgegenwirken[60]. Zu Recht wird in der Begründung zu dieser,
früher in § 60 GeschOBT enthaltenen Vorschrift ausgeführt, daß ohne
die Begrenzung von Beschlußempfehlungen auf überwiesene Vorlagen
oder hiermit in unmittelbarem Sachzusammenhang stehende Fragen
„das grundgesetzlich verankerte Recht der am Gesetzgebungsverfahren
beteiligten Organe verkürzt" würde[61].

Sind aber demnach sogar die Bundestagsausschüsse bei ihren Beschlußempfehlungen wegen einer sonst zu befürchtenden Verkürzung
der Rechte anderer am Gesetzgebungsverfahren beteiligter Organe
thematisch auf die ihnen durch das Bundestagsplenum überwiesenen
Gesetzesvorlagen begrenzt, so muß dies erst recht für die Gesetzes-
empfehlungen des Vermittlungsausschusses gelten, durch welche die
Rechte anderer an der Gesetzgebung beteiligter Organe, insbesondere
des Bundestags und der Bundestagsabgeordneten, in ungleich größerem
Maße betroffen werden. Damit zeigt sich, daß ein Seitenblick auf die
Tätigkeit der Bundestagsausschüsse nicht gegen die hier vertretene
Auffassung spricht, sondern von daher sogar zusätzlich gewichtige
Argumente für sie bezogen werden können.

Die unter dem Gesichtspunkt des Demokratieprinzips erhobenen Einwände gegen eine sich nicht mehr am Gesetzesbeschluß des Bundestags
orientierende Vermittlungstätigkeit des Vermittlungsausschusses lassen
sich auch dann nicht zerstreuen, wenn der thematisch über den Gesetzesbeschluß des Bundestags hinausreichende Vermittlungsvorschlag
des Vermittlungsausschusses einen Gegenstand behandelt, der den Inhalt einer anderen Gesetzesinitiative bildet und hier erst in 1. Lesung
durch den Bundestag beraten wurde[62].

---

[59] Vgl. hierzu *Ritzel / Bücker*, Handbuch für die parlamentarische Praxis,
§ 62 GeschOBT, Anm. 2 c; *Trossmann*, Parlamentsrecht des Deutschen Bundestages, § 60 GeschOBT, Rdnr. 7.2.

[60] Vgl. *Achterberg*, Die parlamentarische Verhandlung, Berlin 1979, S. 156.

[61] Vgl. BT-Drucks. 5/4373, S. 8 zu § 60.

[62] Der in den Vermittlungsvorschlag neu eingefügte Art. 26 a des Entwurfs
des 2. HStruktG (später Art. 27 2. HStruktG) ging in wesentlichen Teilen,
u. a. auch bei der dort vorgeschlagenen Novellierung des § 18 a WoBindG,
auf Gesetzesinitiativen des Bundesrats und der CDU/CSU-Fraktion (vgl.
BT-Drucks. 9/743 u. 9/468) zurück, bezüglich derer bisher nur außerhalb der
Beratungen des 2. HStruktG eine 1. Lesung stattgefunden hatte (vgl. oben A).

Das Argument, in einem solchen Fall habe für die Bundestagsabgeordneten bereits die Gelegenheit bestanden, „Gründe und Gegengründe des Initiativvorschlags sowie seine Folgen und Auswirkungen kennenzulernen, darüber zu beraten und abwägen zu können"[63] ist nur vordergründig überzeugend. Sein mangelnder Beweiswert ergibt sich schon daraus, daß Art. 77 Abs. 2 GG nach seiner eindeutigen Wortfassung eine Anrufung des Vermittlungsausschusses erst nach der Beschlußfassung in Bundestag und Bundesrat zuläßt[64].

Die Verfehltheit einer solchen Argumentation resultiert überdies aber auch daraus, daß, sofern in der 1. Beratung des Gesetzes überhaupt eine Aussprache stattfindet[65], die Beratung auf die Grundzüge der Vorlage beschränkt ist. Zudem sind gemäß § 79 S. 3 GeschOBT Sachanträge in der 1. Beratung unzulässig. Damit entspricht dieses Verfahren, isoliert gesehen, mit den für es typischen Einschränkungen der Rechte des Parlaments und der Abgeordneten (Beschränkung der Debatte auf Grundsätze sowie Unzulässigkeit von Sachanträgen) auch insoweit nicht demokratischen Mindesterfordernissen[66]. Legitimierbar ist die Beschränkung dieser Rechte nur im Hinblick auf die unter Zugrundelegung der GeschOBT in den weiteren Beratungen, insbesondere der 2. Lesung, den Bundestagsabgeordneten eröffneten Möglichkeiten zur Mitwirkung bei der gesetzgeberischen Willensbildung. Gerade an dieser Fortsetzung des Verfahrens im Bundestag fehlt es aber, wenn der Vermittlungsausschuß eine in einem anderen Gesetzgebungsverfahren erst in 1. Lesung beratene Gesetzesinitiative aufgreift. Dies provoziert im übrigen noch insofern zusätzliche verfassungsrechtliche Einwände, als die Abgeordneten hier[67] davon ausgehen konnten, noch in den zu erwartenden weiteren beiden Lesungen des Gesetzes zu Wort zu kommen, in denen (insbesondere in der 2. Lesung) in der politischen Praxis der Schwerpunkt der Gesetzesberatungen liegt. In diesem Vertrauen auf eine spätere Mitwirkung werden die Abgeordneten durch eine vom Vermittlungsausschuß vorgeschlagene Einbeziehung eines solchen erst einmal gelesenen Gesetzentwurfs in ein anderes Gesetz getäuscht. Auch hierin liegt eine durch den Vermittlungsausschuß verur-

---

[63] *Strohmeier*, ZParl. 1982, S. 478.

[64] Vgl. für viele *Neunreither*, Der Bundesrat zwischen Politik und Verwaltung, S. 76.

[65] Das ist nur der Fall, wenn sie, wie hier geschehen, vom Ältestenrat empfohlen oder bis zum Aufruf des betreffenden Punktes der Tagesordnung von einer Fraktion oder von anwesenden fünf vom Hundert der Mitglieder des Bundestags verlangt wird (§ 79 S. 1 GeschOBT).

[66] s. auch *Schulze-Fielitz*, NVwZ 1983, S. 714.

[67] So auch bei der 1. Beratung des „Gesetz(es) zur Belebung des sozialen Wohnungsbaus und zum Abbau nicht gerechtfertigter Subventionen (WoBauÄndG 1981)".

sachte unzulässige Beschneidung der parlamentarisch-demokratischen Willensbildung[68].

f) Die Umgestaltung des grundgesetzlich vorgeschriebenen Organisationsgefüges durch eine Ausdehnung der Vermittlungskompetenz des Vermittlungsausschusses

Die Unzulässigkeit einer Ausdehnung des Vermittlungs- und Empfehlungsgegenstands des Vermittlungsausschusses durch Einbeziehung bisher nicht oder nicht abschließend durch den Bundestag beratener gesetzlicher Regelungen wird zusätzlich deutlich, wenn man sich vor Augen hält, daß sich im Gefolge eines solchen Verfahrens tiefgreifende verfassungsstrukturelle Verschiebungen im grundgesetzlichen Organisationsgefüge ergeben müßten. Sie betreffen die Bedeutung des Bundestags im Gesetzgebungsverfahren (aa), sein Verhältnis zum Bundesrat (bb), sowie die Beziehungen des Parlaments zur Exekutive (cc).

aa) Die Schwächung des Bundestags

Bereits oben wurde angesprochen, daß die Erstreckung der Verhandlungs- und Gesetzesempfehlungen des Vermittlungsausschusses auf noch nicht oder noch nicht abschließend im Bundestag beratene Regelungsmaterien eine Verlagerung der gesetzgeberischen Willensbildung vom Parlament als dem unmittelbar demokratisch legitimierten Organ hin zum Vermittlungsausschuß impliziert. Diese Entwicklung wird noch durch die in § 10 Abs. 2 GeschOVermA statuierte Einschränkung der Rechte des Bundestags forciert. Zusätzlich ergibt sich, teilweise hiermit zusammenhängend, eine weitere Schwächung des Bundestags daraus, daß dieser bei der Abstimmung über den durch den Vermittlungsausschuß neu initiierten Gesetzesentwurf in die Rolle eines Ratifikationsorgans gedrängt wird[69]. Als solches obliegt ihm — ähnlich wie im Fall des Art. 59 Abs. 2 GG — nur die Entscheidung über die Akzeptanz des Ergebnisses einer anderwärts getroffenen Entscheidung, was auf eine bloße Vetofunktion hinausläuft[70]. Das ist hier um so bedenklicher, als der Bundestag trotz seiner geminderten Mitwirkung rechtlich gesehen voll die Verantwortung für die faktisch vom Vermittlungsausschuß getroffenen Entscheidung zu übernehmen hat. In der Logik eines solchen Rollentausches ergibt sich — was die verfassungsrechtliche Problematik zusätzlich erhellt — für den Bundestag überdies die mißliche Situation,

---

[68] Zu der verfassungsrechtlichen Fragwürdigkeit eines solchen Verhaltens unter dem Aspekt der Verfassungsorgantreue s. im übrigen unter g.

[69] Vgl. auch *Bismark*, DÖV 1983, S. 278, der von einer Herabstufung des Bundestags zum Ratifikationsorgan eines auf anderer Ebene gefundenen Kompromisses spricht.

[70] Vgl. auch *Franßen*, in: Festschrift Martin Hirsch, S. 248.

daß er bei Ablehnung der ohne seine Mitarbeit zustande gekommenen, eine neue gesetzliche Regelung beinhaltenden Vorschlagsempfehlungen des Vermittlungsausschusses — hielte man das vom Vermittlungsausschuß eingeschlagene Verfahren für zulässig — Gefahr liefe, sich dem Vorwurf eines destruktiven Verhaltens auszusetzen und durch die politische Öffentlichkeit „in die Ecke gestellt" zu werden. Die psychologische Zwangssituation, in der sich hier der Bundestag befindet, sollte nicht unterschätzt werden. Wenn — statistisch belegt — ein sehr großer Teil der Vermittlungsvorschläge des Vermittlungsausschusses[71] durch den Bundestag akzeptiert wird, so beruht dies sicher nicht nur ausschließlich auf der guten, durch den Vermittlungsausschuß geleisteten Arbeit, sondern auch auf jener spezifischen Entscheidungssituation, wie sie sich für den Bundestag bei seiner Beschlußfassung nach Art. 77 Abs. 2 S. 5 GG darstellt. Das ist zwar dort unbedenklich, wo dem Vermittlungsausschuß das Vermittlungsthema durch den Gesetzesbeschluß des Bundestags vorgegeben ist, problematisch wird dieses Verfahren jedoch dann, wenn der Vermittlungsausschuß bei seinen Empfehlungen das Thema des Gesetzesbeschlusses des Bundestags verläßt bzw. überschreitet. In einem solchen Fall droht aus den oben im einzelnen bezeichneten Gründen heraus in der Tat der Vermittlungsausschuß unter Zurückdrängung des Bundestags in die Rolle einer „dritten gesetzgebenden Körperschaft"[72] oder gar eines „Überparlaments"[73] befördert zu werden. Hierzu ist er aber weder nach seiner Konstruktion noch nach seiner Verfahrensweise geeignet[74].

Angesichts der vorher aufgezeigten Schwächung des Bundestags durch eine Ausdehnung der Vermittlungstätigkeit des Vermittlungsausschusses auf neue Gesetzesthemen wird auch die Verfehltheit der von Henseler[75] aufgestellten Behauptung deutlich, derzufolge die Extension der Vermittlungs- und Empfehlungsmasse durch den Vermittlungsausschuß sich nicht in Richtung auf eine Schwächung des Bundestags auswirke, sondern ganz im Gegenteil den politischen Handlungs-

---

[71] Vgl. *Schäfer*, Der Bundestag, 4. Aufl., Opladen 1982, S. 207.

[72] So *von der Heide*, DÖV 1953, S. 129; ähnlich *Stern*, Das Staatsrecht der Bundesrepublik Deutschland, Bd. II, S. 627, § 37 III 7 a (der Vermittlungsausschuß „darf nicht als ‚dritte Kammer' tätig werden und gleichsam ein selbständiges, neues Gesetz entwerfen"); *Niemann*, Die bundesstaatliche Bedeutung des Bundesrats unter besonderer Berücksichtigung der Funktion des Vermittlungsausschusses, Diss. Göttingen 1978, S. 183; *Quaas*, WM 1982, S. 284.

[73] So *Jahn*, Fehlentwicklungen im Verhältnis von Bundesrat und Bundestag?, ZParl. 1976, S. 297; *Neunreither*, Der Bundesrat zwischen Politik und Verwaltung, S. 82; *Franßen*, in: Festschrift Martin Hirsch, S. 281; ähnlich *Reinert*, Vermittlungsausschuß und Conference Committees, S. 140.

[74] So auch *Franßen*, in: Festschrift Martin Hirsch, S. 291.

[75] Vgl. *Henseler*, NJW 1982, S. 852.

spielraum des Gesetzgebers erweitere und damit seine Interessen för-
dere. Mit dieser Sichtweise orientiert sich Henseler zu sehr an der
formal-rechtlichen Zurechnung der durch die Vermittlung zustande
gekommenen neuen Normen, verkennt aber dabei gänzlich, daß hier
der politisch-faktische Einfluß des Bundestags auf das Ergebnis des
Gesetzgebungsverfahrens erheblich reduziert wird, d. h. in Wahrheit
ein Weniger an Entscheidungsmacht des Bundestags gegeben ist. Eine
solche wirklichkeitsblinde, normpositivistische Betrachtungsweise vermag nicht zu befriedigen und wird im übrigen auch sonst heute von der
Staatsrechtslehre ganz überwiegend abgelehnt[76].

bb) Die Stärkung des Bundesrats durch Ausdehnung
der Vermittlungskompetenz des Vermittlungsausschusses

Eine über den Gesetzesbeschluß des Bundestags hinausreichende
Vermittlungskompetenz des Vermittlungsausschusses müßte zwangsläufig auch Auswirkungen auf das Verhältnis Bundestag/Bundesrat
haben. Es ist ein schon lang bekanntes Phänomen, daß der Vermittlungsausschuß sich institutionell primär in Richtung auf eine Verstärkung der Stellung des Bundesrats auswirkt[77]. Dieser ist, anders als
der Bundestag und die Bundesregierung, stets in der Lage, den von
Bundestag und Bundesrat paritätisch besetzten Vermittlungsausschuß
anzurufen[78]. Bei einer Ausdehnung des Kompetenzbereichs des Vermittlungsausschusses müßten sich damit aber die Machtverhältnisse
zwischen Bundestag und Bundesrat zwangsläufig zugunsten des letzteren verschieben, obschon diesem, wie das BVerfG betont[79], bewußt eine
schwächere Stellung im Gesetzgebungsverfahren eingeräumt wurde als
dem Bundestag und er deshalb nicht als eine „zweite Kammer" angesehen werden kann.

Als förderlich für den Bundesrat und in Richtung auf dessen Auf-
wertung zu einer „zweiten Kammer" wirkte sich dabei insbesondere
aus, daß der Bundesrat durch seine in den Vermittlungsausschuß ent-
sandten Mitglieder nicht „nur hemmenden, sondern positiv gestalten-

---

[76] Vgl. hierzu auch mit weiteren Nachw. *Schenke*, AöR Bd. 103 (1978),
S. 577 ff.

[77] Vgl. *Franßen*, in: Festschrift Martin Hirsch, S. 283; *Neunreither*, Der
Bundesrat zwischen Politik und Verwaltung, S. 78; *Niemann*, Die bundesstaatliche Bedeutung des Bundesrats unter besonderer Berücksichtigung der
Funktion des Vermittlungsausschusses, S. 205 f.; *Reinert*, Vermittlungsausschuß und Conference Committees, S. 118.

[78] Weitaus die meisten Anrufungen des Vermittlungsausschusses erfolgen
denn auch in der politischen Praxis durch den Bundestag, s. hierzu *Schindler*,
Statistik über die Tätigkeit des Vermittlungsausschusses 1. bis 8. Wahlperiode, ZParl. 1982, S. 481 und ferner das Zahlenmaterial für die 7. Wahlperiode bei *Opfermann*, Einigung durch Vermittlung, ZRP 1976, S. 207.

[79] Vgl. BVerfGE 37, S. 363 (380).

den Einfluß auf den Gesetzesinhalt"[80] ausüben könnte. Seiner erst in dieser späten Phase des Gesetzgebungsverfahrens entfalteten gestalterischen Aktivität gegenüber würden dabei auch jene Filter ausgeschaltet, die sonst bei Gesetzesinitiativen des Bundesrats durch das in der Geschäftsordnung geregelte Erfordernis der dreifachen Lesung im Parlament sowie durch die in Art. 76 Abs. 3 GG statuierten Kontrollbefugnisse der Bundesregierung gebildet werden.

Es liegt auf der Hand, daß diese Möglichkeiten des Bundesrats zur Einflußnahme auf den Gesetzesinhalt noch gesteigert werden, wenn bezüglich dieser von den Bundesratsvertretern in das Vermittlungspaket geschleusten gesetzlichen Regelungen weder für den Bundestag noch für die Bundesregierung eine vorhergehende Äußerungsmöglichkeit bestand, da die neu eingeführten Regelungen eine andere Materie betreffen als die, die dem Gesetzesbeschluß des Bundestags zugrunde liegt. Dem Bundesrat böte sich hiermit eine Handhabe, seinen Einfluß auch bezüglich solcher gesetzlicher Normierungen geltend zu machen, hinsichtlich derer das Grundgesetz eine Zustimmungsbedürftigkeit nicht vorsieht. Indem er nämlich über seine im Vermittlungsausschuß vertretenen Mitglieder auf eine Ausweitung der Vermittlungtätigkeit des Vermittlungsausschusses hinwirkte, könnte er die Zustimmung zu den dem Vermittlungsausschuß schon vorliegenden zustimmungsbedürftigen Gesetzesbeschlüssen des Bundestags davon abhängig machen, daß der Bundestag ihm bezüglich neueinbezogener, isoliert gesehen nicht zustimmungsbedürftiger Normierungen entgegenkommt. Durch ein dergestalt herbeigeführtes Junktim wäre es dem Bundesrat aber möglich, den Kreis der zustimmungsbedürftigen Gesetze zu erweitern und damit seine Machtstellung auf Kosten jener des Bundestags noch weiter zu stärken. In Richtung auf eine Potenzierung der Machtstellung des Bundesrats müßte sich dabei noch zusätzlich auswirken, daß die Vertreter des Bundesrats gemäß Art. 43 Abs. 2 S. 2 GG auch in dem Verfahren des Art. 77 Abs. 2 S. 5 GG nach unbestrittener Auffassung jederzeit angehört werden müssen[81] und damit nicht jenen Beschränkungen unterliegen, die sich für Bundestagsabgeordnete aus § 10 Abs. 2 GeschO-VermA ergeben. Parallel mit der beschriebenen Kräfteverschiebung zwischen Bundestag und Bundesrat — und diese noch verstärkend — veränderte sich auch der Umgang zwischen Bundestag und Bundesrat insoweit, als die Bereitschaft, im Gesetzgebungsverfahren ohne Einschaltung des Vermittlungsausschusses zu einem Kompromiß zu kommen, gemindert würde. Häufig würde, um die in den Vermittlungsausschuß einbringbare Manövriermasse zu vergrößern, sowohl vom

---

[80] So *Schäfer*, Der Bundesrat, Köln/Berlin 1955, S. 74.
[81] Vgl. *Trossmann*, JZ 1983, S. 12.

Bundestag wie auch vom Bundesrat im Gesetzgebungsverfahren eine extreme Position bezogen, um damit die jeweilige Verhandlungssituation im Vermittlungsausschuß zu verbessern[82]. Daß diese Gefahr eine durchaus reale ist, belegt bereits jetzt die politische Praxis[83].

Im Zuge dieses Trends ergäbe sich damit auch bezüglich der vom Bundestag vor der Anrufung des Vermittlungsausschusses beratenen Regelungen ein Funktionsverlust des parlamentarischen Verfahrens, indem hier u. U. nur Scheingefechte geführt würden und damit parallellaufend eine echte sachliche Auseinandersetzung und Entscheidungsfindung nicht im Bundestag, sondern erst im Vermittlungsausschuß — unter Ausschluß der Öffentlichkeit — stattfände.

cc) Die Stärkung der Exekutive gegenüber der Legislative

Die Verlagerung der gesetzgeberischen Entscheidung auf den Vermittlungsausschuß würde sich zugleich in Richtung auf eine Stärkung der Stellung der Exekutive gegenüber dem Parlament auswirken. Die Gefahr einer Gouvernmentalisierung[84], der das Gesetzgebungsverfahren in der politischen Praxis ohnehin schon ausgesetzt ist, müßte sich hierdurch nicht unerheblich erhöhen. Maßgeblich hierfür ist zum einen der Umstand, daß die Mitglieder des Vermittlungsausschusses zur Hälfte durch den Bundesrat gestellt werden, der sich aus den Vertretern der Landesregierungen konstituiert (vgl. Art. 51 Abs. 1 GG), so daß folglich mit der Ausweitung der Vermittlungskompetenz des Vermittlungsausschusses eine Stärkung des exekutiven gegenüber dem legislativen Element herbeigeführt wird, zum anderen auch, daß die Mitglieder der Bundesregierung gemäß § 5 GeschOVermA das Recht haben, an den Sitzungen des Vermittlungsausschusses teilzunehmen. Der Machtzuwachs der Exekutive würde dabei noch dadurch begünstigt, daß die Tätigkeit des Vermittlungsausschusses nicht öffentlich ist, hierdurch aber die Möglichkeit einer Kontrolle der Exekutive durch die Legislative, wie sie für das parlamentarische Regierungssystem wesensnotwendig ist, eingeschränkt wird. Dies machte sich in der durch Art. 21 GG konstituierten Parteiendemokratie insbesondere dann bemerkbar, wenn die die Bundesratsmehrheit stellende politische Gruppierung zugleich die Oppositionsrolle im Bundestag einnimmt. Zusätzlich in Richtung auf eine Verstärkung der Exekutive wirkte schließlich, daß (ebenso wie die Mitglieder des Bundesrats und ihre Beauftragten)

---

[82] Vgl. hierzu auch ähnlich *Franßen*, in: Festschrift Martin Hirsch, S. 291; *Jekewitz*, RuP 1982, S. 74; *Neunreither*, Der Bundesrat zwischen Politik und Verwaltung, S. 84.

[83] Vgl. *Kreile*, BT-StenBer. 9/73, S. 4261 f.

[84] So *Jekewitz*, RuP 1982, S. 73.

auch die Mitglieder der Bundesregierung und ihre Beauftragten bei dem der Abstimmung des Bundestags über den Empfehlungsvorschlag des Vermittlungsausschusses vorausgehenden Verfahren gemäß Art. 43 Abs. 2 S. 2 GG frei von den Beschränkungen des § 10 Abs. 2 S. 2 GeschO-VermA jederzeit das Recht besitzen, sich Gehör zu verschaffen.

g) Die Ausdehnung der Vermittlungskompetenz des Vermittlungsausschusses als Verstoß gegen das Prinzip der Verfassungsorgantreue

Die Bedenklichkeit einer über den Gesetzesbeschluß des Bundestags thematisch hinausreichenden Vermittlungskompetenz des Vermittlungsausschusses läßt sich zusätzlich noch durch eine Heranziehung des Rechtsprinzips der Verfassungsorgantreue[85] verdeutlichen[86].

Dieser Rechtsgrundsatz verpflichtet die Verfassungsorgane zu einer am Gedanken staatlicher Integration orientierten gegenseitigen Rücksichtnahme und Loyalität. Als Ausfluß dieses Rechtsgrundsatzes ergibt sich unter anderem die Forderung, daß die Verfassungsorgane von ihren Kompetenzen in einer Weise Gebrauch zu machen haben, die auf die Zuständigkeiten anderer Verfassungsorgane Rücksicht nimmt und diese respektiert. Das Prinzip der Verfassungsorgantreue wirkt insoweit als ein regulatives Auslegungsprinzip[87].

---

[85] Zu diesem allgemein *Schenke*, Die Verfassungsorgantreue, Berlin 1977, mit eingeh. Nachw., S. 19 f., Fn. 3; s. ferner *Hans Schneider*, Der Niedergang des Gesetzgebungsverfahrens, in: Festschrift für Gebhard Müller, Tübingen 1970, S. 421 (422 f.); *Herzog / Pietzner*, Möglichkeiten und Grenzen einer Beteiligung des Parlaments an der Ziel-Ressourcenplanung, Gutachten (unveröff.) 1971, S. 86 ff.; *Kloepfer*, Verfassung und Zeit. Zum überhasteten Gesetzgebungsverfahren, Der Staat 1974, S. 457 (467 ff.); *Ossenbühl*, Welche normativen Anforderungen stellt der Verfassungsgrundsatz des demokratischen Rechtsstaates an die planende staatliche Tätigkeit, dargestellt am Beispiel der Entwicklungsplanung?, Gutachten B zum 50. Deutschen Juristentag, in: Verhandlungen des fünfzigsten Deutschen Juristentages, Bd. I (Gutachten), hrsg. von der Ständigen Deputation des Deutschen Juristentages, München 1974, S. 88 ff.; *Rupert Scholz*, Parlamentarischer Untersuchungsausschuß und Steuergeheimnis, AöR Bd. 105 (1980), S. 564 (600 f.); *Stern*, Das Staatsrecht der Bundesrepublik Deutschland, Bd. I, 2. Aufl., München 1984, S. 134 f., § 4 III, 8; *Stern / Bethge*, Öffentlichrechtlicher und privatrechtlicher Rundfunk, Berlin 1971, S. 33.

[86] So auch *Bismark*, DÖV 1983, S. 277 ff.; *Quaas*, WM 1982, S. 284; *Zuck / Quaas*, Zur Verfassungsmäßigkeit der Verzinsung und vorzeitigen Ablösung von Familienheimdarlehen gemäß den Änderungen durch das 2. HStruktG, S. 19 ff.; *Schleifenbaum / Kamphausen*, DWW 1983, Heft 4, S. 4 f.; *Zeh*, Zur verfassungsrechtlichen Problematik einer Beschlußempfehlung des Vermittlungsausschusses, S. 4 ff.; offengelassen wird die Geltung eines solchen Rechtsprinzips von *Henseler*, NJW 1982, S. 852 sowie von *Dietlein*, NJW 1983, S. 88.

[87] Vgl. zu dieser Bedeutung des Prinzips der Verfassungsorgantreue, *Schenke*, Die Verfassungsorgantreue, S. 41 ff.

Ihm gegenüber kann bei einer solchen Verwendung nicht der Vorwurf[88] erhoben werden, es handele sich hier um eine inhalts- und konturenlose Formel. Selbst solche Autoren, die dem Rechtsprinzip der Verfassungsorgantreue wie dem auf dem gleichen Rechtsgedanken aufbauenden Grundsatz der Bundestreue ablehnend gegenüberstehen[89], greifen denn bezeichnenderweise trotz verbaler Ablehnung dieser Rechtsgrundsätze der Sache nach auf den gleichen Rechtsgedanken zurück, der das Prinzip der Verfassungsorgantreue und das der Bundestreue konstituiert. So überschneidet sich der Rechtsgrundsatz der Verfassungsorgantreue weitgehend mit den von Hesse[90] für die Verfassungskonkretisierung für bedeutsam erachteten Topoi der praktischen Konkordanz, der funktionellen Richtigkeit und dem Maßstab der integrierenden Wirkung[91]. Deshalb unterscheiden sich auch solche Autoren, die ein Prinzip der Verfassungsorgantreue nicht anerkennen, der Sache nach kaum von der hier vertretenen Position, von der sie im wesentlichen nur terminologische Differenzen trennen. Das BVerfG hat das Bestehen eines Prinzips der Verfassungsorgantreue in mehreren Entscheidungen ausdrücklich anerkannt. Nachdem es[92] zunächst noch dahingestellt sein ließ, ob ein solcher Verfassungsgrundsatz entsprechend dem von ihm in ständiger Rechtsprechung anerkannten, das Verhältnis Bund-Länder begrenzenden Grundsatz der Bundestreue[93] besteht, hat es die Existenz dieses Rechtsprinzips in späteren Entscheidungen ausdrücklich anerkannt. So heißt es in einer späteren Entscheidung[94]: „Oberste Verfassungsorgane haben von Verfassungs wegen aufeinander Rücksicht zu nehmen. Diese rechtlich gebotene Rücksicht kann durch keinerlei politische Erwägungen überwunden werden." Es hat dieses Rechtsprinzip in seiner Hauptsacheentscheidung zum Grundlagenvertrag nochmals ausdrücklich betont und daraus für das Verhältnis des BVerfG als oberstem Staatsorgan zu anderen obersten Staatsorganen[95] abgeleitet: „Dies bedeutet einerseits, daß das Bundesverfassungsgericht die verfassungsrechtliche Prüfung so rasch wie möglich zu Ende führt. Es bedeutet andererseits, daß die übrigen Verfassungsorgane die Prüfungszuständigkeit des Bundesverfassunggerichts in ihren Überlegungen zum zeitlichen Ablauf des Verfahrens, das zur Vertragsratifikation führt, einbeziehen und alles unterlassen, was dem

---

[88] s. hierzu *Dietlein*, NJW 1983, S. 88.
[89] Vgl. z. B. *Hesse*, Der unitarische Bundesstaat, Karlsruhe 1962, S. 7.
[90] Vgl. *Hesse*, Grundzüge des Verfassungsrechts der Bundesrepublik Deutschland, S. 26 ff.
[91] Vgl. dazu *Schenke*, Die Verfassungsorgantreue, S. 42 f.
[92] BVerfGE 29, S. 221 (233).
[93] Vgl. BVerfGE 1, S. 117 (131); 3, S. 52 (57); 21, S. 312 (326).
[94] BVerfGE 35, S. 193 (199).
[95] Vgl. BVerfGE 36, 1 (15).

Bundesverfassungsgericht eine rechtzeitige und wirksame Ausübung seiner Kompetenz erschweren oder unmöglich machen könnte. Mit der Entscheidung des Grundgesetzes für eine umfassende Verfassungsgerichtsbarkeit ist es unvereinbar, daß die Exekutive ein beim Bundesverfassungsgericht anhängiges Verfahren überspielt".

War in beiden genannten BVerfG-Entscheidungen das Prinzip der Verfassungsorgantreue zunächst als Quelle ungeschriebener verfassungsrechtlicher Pflichten zwischen Verfassungsorganen bemüht worden, so wurde in einer späteren BVerfG-Entscheidung die Bedeutung dieses Rechtsgrundsatzes als Auslegungsmittel verdeutlicht. Aus ihm hat das BVerfG[96] eine Einschränkung der Kompetenzen des Bundesfinanzministers gemäß Art. 112 GG gefolgert. Es führt dort aus, „daß die Verfassungsorgane verpflichtet sind, bei Inanspruchnahme ihrer verfassungsmäßigen Kompetenzen auf die Interessen der anderen Verfassungsorgane Rücksicht zu nehmen"[97].

Dieser Grundsatz der Verfassungsorgantreue beansprucht auch Beachtung für das Verhältnis des Bundestags zum Vermittlungsausschuß. Auch bei dem Vermittlungsausschuß handelt es sich um ein durch diesen Rechtsgrundsatz gebundenes Organ. Dabei kann es dahingestellt bleiben, ob es sich bei dem Vermittlungsausschuß um ein Verfassungsorgan handelt[98], da er eine verfassungsrechtlich gebotene Einrichtung im Organisationsgefüge der Bundesrepublik darstellt, die, wenn sie angerufen wird, die ihr verfassungsrechtlich übertragenen Aufgaben selbständig zu erfüllen hat[99].

Der Begriff des Verfassungsorgans wird ohnehin im Grundgesetz (im Gegensatz zum einfachen Gesetzesrecht, vgl. z. B. § 1 BVerfGG und § 90 b StGB) nicht verwandt. Bedeutung wird ihm von der Rechtswissenschaft im wesentlichen in Verbindung mit Art. 93 Abs. 1 Nr. 1 GG beigemessen; die dort dem BVerfG zugewiesenen Streitigkeiten werden vielfach als Verfassungsorganstreitigkeiten bezeichnet. Bezüglich des Vermittlungsausschusses wird dabei überwiegend davon ausgegangen, daß dieser Beteiligter einer solchen „Verfassungsorganstreitigkeit" sein kann. Dies ergibt sich zwar nicht daraus, daß es sich hier um ein „oberstes Bundesorgan" i. S. des Art. 93 Abs. 1 Nr. 1 GG han-

---

[96] Vgl. BVerfGE 45, 1 (38 f.).

[97] Vgl. auch BVerfGE 45, S. 1 LS 3: „Der Grundsatz, daß die Verfassungsorgane bei Inanspruchnahme ihrer verfassungsmäßigen Kompetenzen Rücksicht zu nehmen haben auf die Interessen der anderen Verfassungsorgane, bewirkt bei der Ausübung der subsidiären Notkompetenz . . .".

[98] Zweifel an der Anwendbarkeit des Prinzips der Verfassungsorgantreue im Hinblick auf die umstrittene Verfassungsorganeigenschaft des Vermittlungsausschusses äußert *Dietlein*, NJW 1983, S. 88.

[99] So *Trossmann*, JZ 1983, S. 7.

delt[100], wohl aber folgt es aus dem Umstand, daß es sich hier um einen jedenfalls insoweit den obersten Bundesorganen gleichgestellten Beteiligten handelt, der durch das GG mit eigenen Rechten ausgestattet ist[101].

Die für die Qualifikation maßgeblichen Gründe, nämlich der dem Vermittlungsausschuß durch Art. 77 Abs. 2 GG auf der Verfassungsebene eingeräumte Status im Rahmen des Gesetzgebungsverfahrens, die Unabhängigkeit seiner Mitglieder von Weisungen sowie die ihm durch Art. 77 Abs. 2 S. 5 wie auch entsprechend Art. 43, Art. 53 S. 1 GG[102] eingeräumten Rechte sprechen dafür, ihn nicht nur verfahrensrechtlich den obersten Bundesorganen gleichzustellen, sondern ihm auch die gleichen materiellrechtlichen Pflichten aufzuerlegen, wie sie unbestreitbar zwischen den obersten Staatsorganen durch das Rechtsprinzip der Verfassungsorgantreue begründet werden. Eine solche Bindung müßte im übrigen sogar dann bejaht werden, wenn man dem Vermittlungsausschuß die Parteifähigkeit im Rahmen der Verfassungsorganstreitigkeit des Art. 93 Abs. 1 Nr. 1 GG absprechen würde. Selbst dann käme man nämlich nicht umhin anzuerkennen, daß es sich hier um ein selbständiges Bundesorgan handelt[103].

Eben diese autonome Stellung, die dem an Weisungen des Bundestags wie des Bundesrats nicht gebundenen Vermittlungsausschuß durch Art. 77 Abs. 2 GG eingeräumt wird, erfordert im Interesse staatlicher Integration hier gleichfalls eine Aktivierung des Rechtsprinzips der Verfassungsorgantreue. Den Ansatzpunkt des Prinzips der Verfassungsorgantreue bildet nämlich gerade jene aus dem Fehlen hierarchischer Beziehungen bzw. dem Mangel an Steuerung durch ein übergeordnetes gemeinsames Organ erwachsende Notwendigkeit gegenseitiger Verständigung und Rücksichtnahme. Dieses Erfordernis ist aber jedenfalls im Verhältnis Bundestag zum Vermittlungsausschuß ohne Zweifel gegeben. Es läßt sich — wie weiter unten noch zu zeigen sein

---

[100] Häufig wird der Begriff des Verfassungsorgans auf der Bundesebene mit dem eines obersten Staatsorgans gleichgesetzt, so z. B. *Ulsamer*, in: Maunz / Schmidt-Bleibtreu / Klein / Ulsamer, Bundesverfassungsgerichtsgesetz, Kommentar, München Stand 1979, § 63, Rdnr. 7.

[101] So oder ähnlich *Goessl*, Organstreitigkeiten innerhalb des Bundes, Berlin 1961, S. 129; *Stern*, in: Bonner Kommentar zum Grundgesetz (Zweitbearbeitung), Hamburg 1982, Art. 93, Rdnr. 128; *Spanner*, Rezension von Maunz / Schmidt-Bleibtreu / Klein / Ulsamer, Bundesverfassungsgerichtsgesetz, BayVBl. 1977, S. 287.

[102] Vgl. hierzu *Stern*, in: Bonner Kommentar (Zweitbearbeitung), Art. 93, Rdnr. 128.

[103] Vgl. z. B. *Ulsamer*, in: Maunz / Schmidt-Bleibtreu / Klein / Ulsamer, BVerfGG, § 63, Rdnr. 8, der die Parteifähigkeit des Vermittlungsausschusses leugnet, dennoch aber von diesem als einem „selbständigen Bundesorgan" spricht.

wird — auch nicht dadurch in Frage stellen, daß es dem Bundestag ja freigestellt sei, den Vermittlungsvorschlag des Vermittlungsausschusses zu akzeptieren oder ihn abzulehnen. Eine solche Freiheit besteht nämlich, wie gerade am Beispiel des 2. HStruktG deutlich wird, tatsächlich vielfach nicht (vgl. dazu näher unter III, 2 b).

Ist damit das Prinzip der Verfassungsorgantreue mit dem in ihm implizierten Rücksichtnahmegebot auch auf den Vermittlungsausschuß anwendbar, so verbietet dies in der Tat eine Interpretation der Kompetenz des Vermittlungsausschusses, die zu einer weitgehenden Schmälerung und Aushöhlung der verfassungsrechtlichen Kompetenzen des Bundestags führen müßte[104].

3. Die historische Auslegung

Die historische Auslegung des Art. 77 Abs. 2 GG ist relativ wenig ergiebig[105]. Maßgeblichen Einfluß auf die heutige Fassung[106] erlangte erst die am 5. 2. 1949 vom Fünferausschuß nach der 2. Lesung des Hauptausschusses vorgeschlagene Fassung des Art. 104 des Entwurfs des Hauptausschusses[107]. Sie lautete:

Artikel 104

(1) Die Bundesgesetze werden vom Bundestag beschlossen.

(2) Der Bundesrat kann binnen zwei Wochen nach Eingang des Gesetzesbeschlusses verlangen, daß ein aus Mitgliedern des Bundestages und des Bundesrates gebildeter Ausschuß zur gemeinsamen Beratung der Vorlage einberufen wird. Schlägt der Ausschuß eine Änderung des Gesetzesbeschlusses vor, so hat der Bundestag erneut Beschluß zu fassen. Das Nähere über die Zusammensetzung und Einberufung des Ausschusses und sein Verfahren bestimmt eine Geschäftsordnung, die vom Bundestag und Bundesrat gemeinsam zu beschließen ist.

(3) Der Bundesrat kann nach Abschluß des in Absatz 2 vorgesehenen Verfahrens gegen ein vom Bundestag beschlossenes Gesetz binnen einer Woche Einspruch einlegen. Die Einspruchsfrist beginnt mit dem Abschluß des in Absatz 2 vorgesehenen Verfahrens oder mit dem Eingang des vom Bundestag erneut gefaßten Beschlusses.

(4) Wird der Einspruch mit der Mehrheit der Stimmen des Bundesrates beschlossen, so kann er durch Beschluß der Mehrheit der Mitglieder des

---

[104] Zum Zusammenhang von Kompetenzeffektivität und Verfassungsorgantreue s. auch *Schenke*, Die Verfassungsorgantreue, S. 50 ff. sowie *ders.*, AöR Bd. 103 (1978), S. 600.

[105] So auch *Hasselsweiler*, Der Vermittlungsausschuß. Verfassungsgrundlagen und Staatspraxis, S. 31.

[106] Vgl. die in JöR N. F. Bd. 1 (1951), S. 565 ff. wiedergegebene Entstehungsgeschichte des Art. 77 GG.

[107] Vgl. Drucks. Nr. 543, abgedruckt in: Parlamentarischer Rat, Grundgesetz für die Bundesrepublik Deutschland (Entwürfe), Formulierungen der Fachausschüsse, des Allgemeinen Redaktionsausschusses, des Hauptausschusses und des Plenums 1948/49, S. 184.

Bundestages zurückgewiesen werden. Hat der Bundesrat den Einspruch mit einer Mehrheit von mindestens zwei Dritteln seiner Stimmen beschlossen, so bedarf die Zurückweisung durch den Bundestag einer Mehrheit von zwei Dritteln, mindestens der Mehrheit der Mitglieder des Bundestages.

Diesen Vorschlag übernahm der Hauptausschuß in seiner in der 49. Sitzung am 9. 2. 1949[108] stattgefundenen 3. Lesung. Die endgültige Fassung des Art. 104 Abs. 2 des Entwurfs (des heutigen Art. 77 Abs. 2 GG) wurde (nur daß hier noch vom Volkstag statt vom Bundestag die Rede war) erst in der 4. Lesung des Hauptausschusses in dessen 57. Sitzung am 5. 5. 1949[109] verabschiedet. Der Hauptausschuß übernahm dabei einen Änderungsantrag des Allgemeinen Redaktionsausschusses[110].

Über die maßgeblichen Gründe, die für die Schaffung des Vermittlungsausschusses ursächlich waren, läßt sich den Protokollen des Parlamentarischen Rats nichts entnehmen. Protokolle über die Verhandlungen des Fünferausschusses, auf dessen Initiative die Schaffung des Vermittlungsausschusses im wesentlichen zurückgeht, existieren nicht. Anzunehmen ist allerdings, daß sich die Einfügung eines Vermittlungsausschusses primär am Vorbild der Conference Committees in den USA orientierte, denen eine Vermittlungsfunktion zwischen Repräsentantenhaus und Senat zukommt. Für diese Auffassung spricht auch eine durch Reinert[111] nachträglich durchgeführte Befragung von Mitgliedern des Fünferausschusses. Gerade bei den Conference Committees wird aber in den USA überwiegend gefordert, daß deren Vermittlungsauftrag sich grundsätzlich auf die „mit den strittigen Fragen in engem Sachzusammenhang stehenden Vorschriften" beschränkt, wobei „für die Annahme eines Sachzusammenhangs ... strenge Maßstäbe (gelten)"[112].

4. Die Ergebnisse der grammatikalischen, systematisch-teleologischen und historischen Auslegung

Zusammenfassend kann als Ergebnis der Interpretation des Art. 77 Abs. 2 GG festgestellt werden, daß die grammatikalische wie die sy-

---

[108] Parlamentarischer Rat, Verhandlungen des Hauptausschusses, Bonn 1948/49, S. 653.

[109] Vgl. Parlamentarischer Rat, Verhandlungen des Hauptausschusses, 1948/49, S. 755.

[110] Vom 2. 5. 1949, Drucks. 751, abgedruckt in: Parlamentarischer Rat, Grundgesetz für die Bundesrepublik Deutschland (Entwürfe), Formulierungen der Fachausschüse, des Allgemeinen Redaktionsausschusses, des Hauptausschusses und des Plenums 1948/49, S. 219.

[111] Vgl. *Reinert*, Vermittlungsausschuß und Conference Committees, S. 111.

[112] So *Hasselsweiler*, Der Vermittlungsausschuß. Verfassungsgrundlagen und Staatspraxis, S. 28; vgl. zu den Conference Committees im übrigen eingehend *Reinert*, Vermittlungsausschuß und Conference Committees, S. 81 ff.

stematisch-teleologische Auslegung des Art. 77 Abs. 2 GG eindeutig für
eine grundsätzliche Begrenzung des Vermittlungsauftrags des Vermittlungsausschusses durch den Gegenstand des Gesetzesbeschlusses des
Bundestags sprechen. Diesem Resultat widerpricht auch die — ohnehin
nur einen geringen Stellenwert besitzende — historische Auslegung
nicht; sie liefert vielmehr eher Hinweise für eine Bestätigung des durch
die anderen Auslegungskriterien gewonnenen Ergebnisses.

II. Die Einfügung des § 18 a WoBindG
i. d. F. des 2. HStruktG als Überschreitung der Vermittlungskompetenz des Vermittlungsausschusses

Im vorhergehenden wurde gezeigt, daß der Gegenstand der Vermittlungskompetenz des Vermittlungsausschusses grundsätzlich durch
den Gesetzesbeschluß des Bundestags bestimmt wird. Gedeckt werden
hiermit allerdings auch solche Regelungen, die in einem engen inhaltlichen Sachzusammenhang mit dem Gesetzesbeschluß stehen. Zwar ist
dies in Art. 77 Abs. 2 GG nicht ausdrücklich angesprochen; eine solche
Annexkompetenz ergibt sich jedoch aus der Natur der Sache, da eine
Vermittlungtätigkeit des Vermittlungsausschusses nur auf diese Weise
wirksam ausgeübt werden kann. Deshalb entspricht es sowohl der h. M.
in der Literatur[113] wie auch der politischen Praxis des Vermittlungsausschusses[114], die Vermittlungskompetenz in dieser Weise zu interpretieren.

Eine Begrenzung des Vermittlungsgegenstandes findet außer durch
den Gegenstand des Gesetzesbeschlusses des Bundestags auch durch das
Anrufungsbegehren statt. Über dieses hinauszugehen ist dem Ver-

---

[113] s. z. B. Bismark, DÖV 1983, S. 274; Dehm, Der Vermittlungsausschuß, in:
Der Bundesrat 1949 - 1969, Bonn 1969, S. 15 (17) und ders., in: Burhenne,
Recht und Organisation des Parlaments, Bielefeld, Bd. I, Stand 75. Lfg.,
090814; Bryde, in: v. Münch, GG, Bd. 3, Art. 77, Rdnr. 14; Hans Schäfer, Der
Bundesrat, S. 78; Stern, Das Staatsrecht der Bundesrepublik Deutschland,
Bd. II, S. 627, § 37 III 7 a α; Schmidt-Bleibtreu / Klein, GG, Art. 77, Rdnr. 8;
Trossmann, Parlamentsrecht des Deutschen Bundestages, § 67 GeschOBT,
Rdnr. 11.3.; Wessel, AöR Bd. 77 (1951/52), S. 302; noch einschränkender Reinert, Vermittlungsausschuß und Conference Committees, S. 140; Hasselsweiler, Der Vermittlungsausschuß. Verfassungsgrundlagen und Staatspraxis,
S. 47 (s. hierzu aber im folgenden näher zur Konkretisierung der Beschränkung); s. auch Maunz / Dürig / Herzog / Scholz, GG, Art. 77, Rdnr. 13; v. Mangoldt / Klein, GG, Art. 77, Anm. IV 3 („Zulässig ist das Vermittlungsverfahren
nur in bezug auf Gesetzesbeschlüsse des BT.").

[114] Vgl. schon Kurzprotokolle des Vermittlungsausschusses, 1. Wahlper.,
4. Sitzung S. 4; 3. Wahlper., 11. Sitzung, S. 39 f. sowie 19. Sitzung S. 23 f.;
5. Wahlper., 14. Sitzung, S. 6 ff. u. 15. Sitzung S. 6 ff.; s. hierzu auch Schäfer,
Der Bundesrat, S. 78 und Hasselsweiler, Der Vermittlungsausschuß. Verfassungsgrundlagen und Staatspraxis, S. 47.

mittlungsausschuß grundsätzlich untersagt[115]. So wie es dem zur Anrufung berechtigten Verfassungsorgan möglich ist, überhaupt auf die
Anrufung des Vermittlungsausschusses zu verzichten, muß es ihm auch
gestattet sein, das Vermittlungsbegehren sachlich zu begrenzen[116].

Bezüglich der Anrufungen des Vermittlungsausschusses durch den
Bundesrat wird vielfach sogar von einer Verpflichtung des Bundesrats
ausgegangen, sein Anrufungsbegehren näher zu konkretisieren[117]. Hinsichtlich einer Anrufung durch den Bundestag und die Bundesregierung wird dieser Standpunkt zwar nur von einer Mindermeinung
vertreten[118]. Die herrschende Auffassung[119] läßt sich aber sachlich nur

---

[115] Vgl. für viele *Neunreither,* Der Bundesrat zwischen Politik und Verwaltung, S. 47; *Dehm,* Der Vermittlungsausschuß, S. 17.

[116] Unrichtig demgegenüber *Franßen,* in: Festschrift Martin Hirsch, S. 289,
der davon ausgeht, Bundestag und Bundesregierung sei es — anders als dem
Bundesrat — nicht möglich, den Gegenstand des Vermittlungsverfahrens zu
begrenzen. Die Argumentation Franßens beruht, wie sich aus dem Zusammenhang seiner Überlegungen deutlich ergibt (vgl. *Franßen,* in: Festschrift
Martin Hirsch, S. 288 f.), auf einer unzulässigen Vermengung der Frage nach
dem Erfordernis einer inhaltlichen Konkretisierung des Anrufungsbegehrens
und jener, inwieweit, falls eine solche Konkretisierung stattgefunden hat,
hierdurch eine Bindung des Vermittlungsausschusses bei der Ausübung seiner Vermittlungskompetenz eintritt. Sie widerspricht im übrigen einem allgemein anerkannten — insbesondere im Prozeßrecht bedeutsamen (vgl. hierzu z. B. *Schenke,* Rechtsschutz gegen Nebenbestimmungen, JuS 1983, S.
182 ff.) — Grundsatz, nach dem dort, wo ein Verfahren nur auf Antrag ein-
geleitet wird, der Antragsbefugte prinzipiell berechtigt ist, das Verfahren
gegenständlich zu limitieren, sofern dem nicht ein untrennbarer Sachzusammenhang im Wege steht. Wenn Franßen die Unzulässigkeit einer Beschränkung des Vermittlungsrahmens durch den Bundestag mit dem Hinweis auf
den Grundsatz der Unverrückbarkeit von Gesetzesbeschlüssen zu rechtfertigen sucht, der besage, daß der Bundestag seinen Gesetzesbeschluß im laufen-
den Gesetzgebungsverfahren nicht mehr ändern darf, so ist dies überdies
inkonsequent, da ja gerade eine durch den Bundestag ausgesprochene Begrenzung des Vermittlungsgegenstands darauf hinzielt, dem Vermittlungsausschuß das Recht zu nehmen, bezüglich bestimmter Teile des Gesetzentwurfs eine Änderung vorzuschlagen. Nicht überzeugend — da an den Gege-
benheiten der modernen Parteiendemokratie vorbeigehend — ist es überdies
(vgl. aber *Franßen,* in: Festschrift Martin Hirsch, S. 289), wenn die nach
Franßen nicht gegebene Beschränkbarkeit des Vermittlungsverfahrens durch
die Bundesregierung damit legitimiert wird, daß das Vermittlungsverfahren
nicht der Beseitigung von Meinungsverschiedenheiten zwischen Bundesregierung und Bundesrat diene. Die Verfehltheit einer solchen Argumentation
erhellt zusätzlich, wenn — wie dies meist zutrifft — der Gesetzesbeschluß
des Bundestags auf einer Gesetzesinitiative der Bundesregierung aufbaut;
im übrigen würde, selbst wenn man Franßens Auffassung zur Ratio der
Anrufung folgte, dies dennoch nicht die Unzulässigkeit einer Beschränkung
der Anrufung begründen.

[117] Vgl. z. B. *Franßen,* in: Festschrift Martin Hirsch, S. 288; ähnlich *Maunz /
Dürig / Herzog / Scholz,* GG, Art. 77, Rdnr. 13.

[118] Vgl. z. B. *Ritzel / Bücker,* Handbuch für die Parlamentarische Praxis,
§ 89 GeschOBT, Anm. f.

[119] Vgl. z. B. *Trossmann,* Parlamentsrecht des Deutschen Bundestages, § 90
GeschOBT, Rdnr. 5.

4*

damit rechtfertigen, daß hier durch den Gesetzesbeschluß des Bundestags bereits die Zielvorstellungen von Bundestagsmehrheit und der mit ihr politisch am gleichen Strang ziehenden Bundesregierung eindeutig markiert sind; gerade in einem solchen Fall erlangt aber der Gesetzesbeschluß eine ganz besondere Bedeutung und zwingt hier — mangels anderer inhaltlicher Begrenzungen des Vermittlungsausschusses — zusätzlich zu einer restriktiven Interpretation der Vermittlungskompetenz des Vermittlungsausschusses. Das schließt es gleichfalls aus, in einem unspezifizierten Anrufungsbegehren des Bundestags und der Bundesregierung einen Freibrief zur Ersetzung des Gesetzesbeschlusses des Bundestags durch eine andere Gesetzesempfehlung zu erblicken. Dies müßte selbst dann gelten, wenn man nicht schon dem Art. 77 Abs. 2 GG die Beschränkung der Vermittlungskompetenz des Vermittlungsausschusses auf den Gesetzesbeschluß und hiermit in unmittelbarem Sachzusammenhang stehende Regelungen entnehmen würde.

In dem dem 2. HStruktG zugrundeliegenden Vermittlungsverfahren hatte die Bundesregierung den Vermittlungsausschuß angerufen. Es ist daher zu prüfen, ob es sich bei dem durch den Vermittlungsausschuß in das 2. HStruktG einbezogenen „Gesetz zum Abbau der Fehlsubventionierung und der Mietverzerrung im Wohnungswesen" um ein Gesetz handelt, das sich thematisch noch innerhalb des Gesetzesbeschlusses des Bundestags bewegt bzw. mit diesem in unmittelbarem Sachzusammenhang steht. Bei der Konkretisierung dieser Formel müssen dabei jene Sachgesichtspunkte, aus denen heraus oben unter I eine Einschränkung der Vermittlungskompetenz des Vermittlungsausschusses gefolgert wurde, als maßgebliche Topoi mit herangezogen werden. Sie bestimmen die Richtung, in welcher die Konturierung der Vermittlungskompetenz des Vermittlungsausschusses zu erfolgen hat. Im folgenden soll daher zunächst jene Auffassung einer kritischen Untersuchung unterzogen werden, die sich zwar verbal für die Begrenzung der Vermittlungskompetenz des Vermittlungsausschusses ausspricht, diesem aber im wesentlichen selbst die Entscheidung darüber beläßt, was sachlich noch in unmittelbarem Zusammenhang mit dem Gesetzesbeschluß steht (dazu unter 1). Sofern sich diese Auffassung als dogmatisch nicht haltbar erweist, ist dann zu prüfen, ob ein sachlicher Zusammenhang deshalb gegeben ist, weil die durch den Vermittlungsausschuß empfohlenen Änderungen des 2. HStruktG zwingend eine Einbeziehung des Art. 27 2. HStruktG erforderten (dazu unter 2). Verneinendenfalls ist zu klären, ob der unmittelbare Sachzusammenhang möglicherweise dadurch konstituiert werden kann, daß das „Gesetz zum Abbau der Fehlsubventionierung und der Mietverzerrung im Wohnungswesen" der gleichen Gesetzesmaterie angehört, wie einzelne Regelungen des ursprünglichen Gesetzesbeschlusses des Bundestags zum 2. HStruktG (dazu unter 3). Anschließend ist zu untersuchen, ob sich ein Sachzusammenhang evtl. schon aus der gleichen Zielsetzung des Art. 27 sowie der übrigen Bestimmungen des vom Bundestag ursprünglich beschlossenen 2. HStruktG ergibt (dazu unter 4). Abschließend ist die Frage zu beantworten, ob durch die dem Anrufungsbegehren vorausgehenden Verhandlungen im Gesetzgebungsverfahren, insbesondere durch die Verhandlungen im Bundesrat, möglicherweise eine Erstreckung der Vermittlungskompetenz auch auf die in Art. 27 2. HStruktG getroffenen Normierungen gerechtfertigt werden kann (dazu unter 5).

1. Keine Blankovollmacht des Vermittlungsausschusses bezüglich der Bejahung eines Sachzusammenhangs zwischen Gesetzesbeschluß des Bundestags und Vermittlungsvorschlag

Abzulehnen ist auf jeden Fall die von Hasselsweiler vertretene Auffassung. Er geht von einer „weitgehend politischen und damit der verfassungsrechtlichen Kategorisierung nahezu entzogenen Auslegung des Gesichtspunkts des Sachzusammenhangs ... als Ergebnis verfassungskonformer Auslegung des Art. 77 II GG" aus[120]. „Die hierdurch in die Betrachtung der Verfassungsnorm hineingetragene Unwägbarkeit ist aus übergeordneten Sachgesichtspunkten ... in Kauf zu nehmen[121]".

Mit dieser Stellungnahme setzt sich Hasselsweiler in Widerspruch zu der von ihm selbst wenige Seiten vorher getroffenen Feststellung. Dort heißt es[122]: „Der Einigungsvorschlag des Vermittlungsausschusses darf über den ursprünglichen Gesetzesbeschluß und über das Anrufungsbegehren nur hinausgehen, wenn dies sachlich unabweisbar ist und wenn sein enger Zusammenhang mit den Eckpositionen nach Art. 77 I und 77 II GG deutlich erkennbar bleibt." Es fällt auf, daß Hasselsweiler bei der Bestimmung der Grenzen der Vermittlungskompetenz des Vermittlungsausschusses hier zunächst erheblich strenger verfährt („sachlich unabweisbar") als die überwiegende Meinung, dann aber im folgenden dieses normative Gebot bei dem Versuch seiner Konkretisierung weitgehend seiner Verbindlichkeit entkleidet, indem er ihm praktisch jeden Rechtsgehalt und in Konsequenz davon auch seine Justiabilität abspricht. Zwar wird man in der Tat dem Vermittlungsausschuß bei der Entscheidung über das Vorliegen eines

---

[120] Vgl. *Hasselsweiler*, Der Vermittlungsausschuß. Verfassungsgrundlagen und Staatspraxis, S. 50; in der Tendenz ähnlich *Strohmeier*, ZParl. 1982, S. 474 ff.

[121] Vgl. *Hasselsweiler*, Der Vermittlungsausschuß. Verfassungsgrundlagen und Staatspraxis, S. 50.

[122] Vgl. *Hasselsweiler*, Der Vermittlungsausschuß. Verfassungsgrundlagen und Staatspraxis, S. 47.

unmittelbaren Sachzusammenhangs einen gewissen, gerichtlich nicht kontrollierbaren Beurteilungsspielraum[123] zubilligen müssen. Die Bejahung eines „judicial-self-restraint"[124] liegt auf der Linie der bundesverfassungsgerichtlichen Judikatur, wie sie zuletzt im Urteil des BVerfG zur Auflösung des Bundestags gem. Art. 68 GG ihren Ausdruck gefunden hat[125], wo der in ständiger Rechtsprechung anerkannte Beurteilungsspielraum des Gesetzgebers bei Prognoseentscheidungen auf „politische Entscheidungen der Exekutive von weitreichender Bedeutung, zumal wenn sie auf einer Einschätzung, Wertung und Beurteilung politischer Vorgänge und Verhältnisse beruhen", übertragen wurde. Dabei ist allerdings nicht zu verkennen, daß der in anderen Fällen für die Einschränkung der richterlichen Kontrolle maßgebliche Gesichtspunkt der Prognoseentscheidung im vorliegenden Zusammenhang kaum eine Rolle spielen dürfte. Diese Limitierung der gerichtlichen Kontrolle kann aber sicher nicht so weit reichen, wie dies von Hasselsweiler befürwortet wird, dessen Lösung der Sache nach in das Fehlen jeglicher gerichtlicher Kontrolle und eine Kompetenzkompetenz des Vermittlungsausschusses einmündet. Der von Hasselsweiler als Begründung für seine Auffassung benutzte Hinweis auf die Natur des Verfassungsauftrags an den Vermittlungsausschuß[126] vermag schwerlich zu überzeugen. Dies zum einen schon deshalb nicht, weil ihm konsequenterweise bereits bei der Bestimmung des die Grenzen des Vermittlungsausschusses markierenden abstrakten Obersatzes Rechnung getragen werden müßte, hier aber Hasselsweiler[127] der Sache nach von einem ganz anderen Verständnis des Vermittlungsausschusses ausgeht, das er bei der anschließenden Konkretisierung der den abstrakten Obersatz bildenden Sachzusammenhangsformel verläßt. Damit setzt er sich all jenen Einwänden aus, die oben unter I gegen eine Nichtbegrenzung der Vermittlungskompetenz des Vermittlungsausschusses erhoben wurden. Zum anderen ist Hasselsweiler aber auch entgegenzuhalten, daß seine Argumentation aus der Natur des Verfassungsauftrags bei Licht besehen in einen Zirkel einmündet, denn jene Natur des Verfassungsauftrags an den Vermittlungsausschuß gilt es gerade erst zu bestimmen. Ganz sicher besteht jedenfalls der Verfassungsauftrag des Vermittlungsausschusses nur nach Maßgabe der

---

[123] So der Sache nach wohl auch *Dietlein*, Zulässigkeitsfragen bei der Anrufung des Vermittlungsausschusses, AöR Bd. 106 (1981), S. 537.

[124] Vgl. hierzu allgemein *Schenke*, Der Umfang der bundesverfassungsgerichtlichen Überprüfung, NJW 1979, S. 1324 ff.

[125] Vgl. BVerfGE 62, S. 1 (50).

[126] Vgl. *Hasselsweiler*, Der Vermittlungsausschuß. Verfassungsgrundlagen und Staatspraxis, S. 49.

[127] Vgl. *Hasselsweiler*, Der Vermittlungsausschuß. Verfassungsgrundlagen und Staatspraxis, S. 49.

verfassungsgesetzlichen Regelungen, kann aber nicht losgelöst von diesen ermittelt oder gar in Widerspruch zu diesen bestimmt werden. Gegen diesen elementaren methodologischen Grundsatz wird durch Hasselsweiler evidentermaßen verstoßen, wenn man bei ihm[128] zur Rechtfertigung eines im Widerspruch zu seinen Prämissen praktisch nicht beschränkten Vermittlungsgegenstands des Vermittlungsausschusses liest: „Gerade bei besonders umstrittenen Gesetzen wäre die Vermittlung schnell zum Scheitern verurteilt, wäre sie allein auf die Vorgaben nach Art. 77 I und 77 II GG fixiert. So würde durch ein Pochen auf rein verfassungsdogmatische Argumente der Verfassungsauftrag selbst sabotiert. Einen politischen Kompromiß als Auftrag des Art. 77 II GG zu bejahen, die Wege der Vermittlung aber durch dieses Abstellen auf rein verfassungsdogmatische Argumente immer stärker verengen, läßt das Vermittlungsverfahren letztlich zu einer Sackgasse im Gesetzgebungsverfahren werden, nicht aber zu einem Katalysator des parlamentarisch-interkameralen Selbstausgleichs." Deutlicher läßt sich die Kapitulation der Verfassungsdogmatik vor vermeintlichen Nützlichkeitserwägungen kaum ausdrücken[129].

Überdies wird die Behauptung, ohne das durch Hasselsweiler vertretene extensive Verständnis des Vermittlungsauftrags sei die Funktionsfähigkeit des Vermittlungsausschusses gefährdet, durch nichts bewiesen, vielmehr die Unrichtigkeit dieser Behauptung durch die bisherige Tätigkeit des Vermittlungsausschusses einwandfrei belegt. Dem Vermittlungsausschuß ist bisher von allen Seiten eine überaus erfolgreiche Tätigkeit bestätigt worden, und dies, obschon er sich hierbei grundsätzlich an dem Gesetzesbeschluß des Bundestags orientierte. Die oben geschilderten Gefahren, die aus einer Ausweitung des Verhandlungs- und Empfehlungsgegenstands des Vermittlungsausschusses resultieren, lassen sich entgegen Hasselsweiler[130] auch nicht mit dem Argument bagatellisieren, daß die Gefahr eines Mißbrauchs des Vermittlungsausschusses im Regelfall schon deshalb nicht bestehe, „weil das verfassungsmäßig durch Art. 77 II GG verbürgte Gleichgewicht der Kräfte im Vermittlungsausschuß, die Verwerfungskompetenz von Bundestag und Bundesrat in bezug auf die gesetzestechnische und politische Substanz des Einigungsvorschlags und der politische Einigungszwang nach Art. 77, 78 GG als systembedingte Regulative im Vermittlungs-

---

[128] Vgl. *Hasselsweiler*, Der Vermittlungsausschuß. Verfassungsgrundlagen und Staatspraxis, S. 49.

[129] Vgl. auch *Schulze-Fielitz*, NVwZ 1983, S. 713, der die Auffassung Hasselsweilers zu Recht mit der Formel charakterisiert: „Recht ist, was dem Vermittlungsausschuß politisch nützlich scheint".

[130] Vgl. *Hasselsweiler*, Der Vermittlungsausschuß. Verfassungsgrundlagen und Staatspraxis, S. 50.

verfahren wirken". Hierbei wird verkannt, daß es durchaus Situationen geben kann — wie im übrigen gerade am Beispiel des 2. HStruktG deutlich wird —, in denen der Bundestag zur Realisierung eines von ihm für dringend notwendig erachteten gesetzgeberischen Vorhabens sich gezwungen sehen kann, einem thematisch unzulässig erweiterten Empfehlungsvorschlag des Vermittlungsausschusses zuzustimmen[131].

Das gilt insbesondere dann, wenn — was in der Praxis meist die Regel ist — der Vermittlungsausschuß von der Befugnis des § 10 Abs. 3 GeschOVermA Gebrauch macht und nur eine gemeinsame Abstimmung über alle von ihm vorgeschlagenen Änderungen des Gesetzesbeschlusses des Bundestags zuläßt.

Zur Rechtfertigung der von Hasselsweiler vertretenen Auffassung vermag es schließlich auch nichts beizutragen, wenn Strohmeier[132] die Ausdehnung der Vermittlungskompetenz in dem von Hasselsweiler vertretenen Umfang zusätzlich damit zu rechtfertigen versucht, daß „dem Vermittlungsausschuß übereinstimmend im Ergebnis eine relativ selbständige Position eingeräumt (wird)" und es auch „der Respekt vor der politischen Kompetenz seiner Mitglieder, die im Regelfall herausragende Persönlichkeiten der sie entsendenden Bundestagsfraktionen bzw. Landesregierungen sind, gebietet..., den Gestaltungsrahmen des Vermittlungsausschusses nicht eng am Wortlaut des Anrufungsbegehrens kleben zu lassen". Demgegenüber ist festzuhalten, daß die relativ selbständige Position dem Vermittlungsausschuß nur im Rahmen seiner Kompetenz eingeräumt wird, daraus aber noch keinerlei Schluß über den Umfang der Kompetenz gezogen werden kann. Im übrigen spricht die selbständige Position des Vermittlungsausschusses angesichts der sich bei unbeschränkter Vermittlungstätigkeit des Vermittlungsausschusses ergebenden Beschränkungen des Bundestags als unmittelbar demokratisch legitimiertem obersten Bundesorgan bei seiner wichtigsten Aufgabe, der Gesetzgebung, eher gegen als für die von Hasselsweiler und Strohmeier vertretene Extension der Vermittlungskompetenz. Daß schließlich der Respekt vor der politischen Kompetenz der Mitglieder des Vermittlungsausschusses keinen rechtlichen Gesichtspunkt für die Bestimmung des Umfangs der rechtlichen Zuständigkeit des Vermittlungsausschusses zu bilden vermag, versteht sich von selbst und bedarf wohl keiner näheren Hervorhebung. In der Logik einer solchen Argumentation läge es zudem weit näher, auf den Respekt vor den Abgeordneten des Bundestags als den unmittelbar gewählten Volksvertretern abzustellen, und von hierher eine Einschränkung der Vermittlungskompetenz zu begründen.

---

[131] Vgl. hierzu näher unter III, 2 b.
[132] Vgl. Strohmeier, ZParl. 1982, S. 474.

2. Die Einfügung des Art. 27 2. HStruktG
stellt keine unabweisbare Folge durch den Vermittlungs-
ausschuß im übrigen zulässigerweise empfohlener Änderungen
des Gesetzesbeschlusses des Bundestags dar

Eindeutig wäre die Zulässigkeit der in Art. 27 2. HStruktG getroffenen
Regelungen und damit auch des § 18 a WoBindG zu bejahen, wenn sie
„unerläßliche Voraussetzung" für die Änderung im Gesetzesbeschluß
des Bundestags enthaltener gesetzlicher Normierungen gewesen wäre.
Gefordert wird dabei ein *untrennbarer sachlicher* Zusammenhang[133] mit
der geänderten Regelung des Gesetzesbeschlusses des Bundestags dergestalt, daß diese ohne eine solche Ausweitung der Vermittlungskompetenz des Vermittlungsausschusses nicht getroffen werden könnten, da
sie sonst nur den Charakter eines Torsos besäßen. Nicht maßgeblich
kann es hingegen sein, daß die Erstreckung des Vermittlungsvorschlags
auf nicht im Gesetzesbeschluß getroffene Regelungen unerläßliche Voraussetzung für die politische Akzeptanz der Änderungsvorschläge des
Vermittlungsausschusses durch Bundestag und Bundesrat darstellt.
Wollte man einen solchen *politischen Zusammenhang* als ausreichend
ansehen, würde hierdurch ein Freibrief für den Vermittlungsausschuß
zur Schaffung thematisch gänzlich anders gelagerter gesetzlicher Regelungen ausgestellt und die Tätigkeit des Vermittlungsausschusses
durch die hiermit eröffneten Koppelungsmöglichkeiten zu einem „politischen Kuhhandel" pervertiert. Dafür, daß ein sachlicher Zusammenhang in dem hier geforderten Sinne eine Einfügung des Art. 27
2. HStruktG rechtfertigte, bestehen keinerlei Anhaltspunkte[134]. Der FDP-
Abgeordnete Kleinert, der als Mitglied des Vermittlungsausschusses in
der Bundestagssitzung am 10. 12. 1983 Erklärungen zu der Gesetzesempfehlung des Vermittlungsausschusses abgab, wies darauf hin[135], daß
„alle Beteiligten (es) . . . (als) sachdienlich" ansahen, das Gesetz über den
Abbau der Fehlsubventionierung und der Mietverzerrung im Wohnungswesen in das 2. HStruktG einzufügen. Damit wurden aber selbst hier
lediglich Gründe der Zweckmäßigkeit für eine Erweiterung der Vermittlungskompetenz des Vermittlungsausschusses aufgeführt[136].

---

[133] Vgl. zu dem entsprechenden Problem in Verbindung mit der Begründung von Gesetzgebungskompetenzen des Bundes kraft Sachzusammenhangs
BVerfGE 3, S. 407 (421); 15, S. 1 (20).

[134] Dies konzediert auch *Strohmeier*, ZParl. 1982, S. 476.

[135] Vgl. *Kleinert*, BT-StenBer. 9/73, S. 4268.

[136] Vgl. auch *Strohmeier*, ZParl. 1982, S. 476.

3. Keine Begründung eines Sachzusammenhangs zwischen Art. 27 2. HStruktG und dem ursprünglichen Gesetzesbeschluß des Bundestags durch die gemeinsame Zuordnung zu einer verfassungsgesetzlichen Kompetenzregelung

Die Zulässigkeit der zu Art. 27 2. HStruktG führenden Gesetzesempfehlung des Vermittlungsausschusses wird z. T.[137] aus dem Gesichtspunkt heraus gerechtfertigt, daß der Bundestag in dem in der 3. Lesung verabschiedeten Entwurf des 2. HStruktG den bereits von der Bundesregierung und den Fraktionen von SPD und FDP eingebrachten „Entwurf eines Gesetzes zur Stärkung der Investitionstätigkeit im Baubereich und zum Abbau ungleichmäßiger Besteuerung in der Wohnungswirtschaft"[138] auf Empfehlung seines Haushalts- und Finanzausschusses[139] voll in das 2. HStruktG übernommen habe. Insoweit habe das 2. HStruktG bereits in der vom Bundestag verabschiedeten Fassung wohnungsbaupolitische Regelungen enthalten, gehöre also der gleichen Gesetzesmaterie an wie die in Art. 27 2. HStruktG normierten weiteren wohnungsbaupolitischen Maßnahmen.

Sollten diese Ausführungen so zu verstehen sein, daß allein aus der gemeinsamen Zuordnung zu einer Kompetenznorm des Gesetzgebungskatalogs der Art. 73 ff. GG (hier Art. 74 Nr. 18 GG) ein Sachzusammenhang zwischen Gesetzesbeschluß des Bundestags und Vermittlungsvorschlag des Vermittlungsausschusses herstellbar sei, so ist dem entschieden zu widersprechen. Zwar mag man mit einiger Berechtigung fordern, daß die Ergänzung eines durch eine bestimmte Kompetenzzuweisung der Art. 73 ff. GG legitimierten Gesetzesbeschlusses des Bundestags nicht in der Weise vorgenommen wird, daß der Vermittlungsausschuß Empfehlungen ausspricht, die diese Kompetenzzuweisung sprengen[140]. Allein durch die gemeinsame Zuordnung zu einer der verfassungsgesetzlichen Kompetenzregelungen der Art. 73 ff. GG wird jedoch noch kein ausreichender Zusammenhang begründet.

Die Verfehltheit einer gegenteiligen Auffassung ergibt sich schon daraus, daß der Zuschnitt der einzelnen Kompetenzregelungen in den Art. 73 ff. GG ganz unterschiedlich erfolgt, z. T. von Zufälligkeiten abhängt, jedenfalls aber dem Gesetzgebungskatalog keine einheitliche Systematik zugrunde liegt. Vielfach sind einzelne Kompetenzzuweisungen so weit formuliert, daß durch sie Normierungen mit den verschiedenartigsten Inhalten erfaßt werden. Man denke hier z. B. an die in

---

137 Vgl. z. B. *Dietlein*, NJW 1983, S. 85.
138 Vgl. BT-Drucks. 9/796 u. 9/843.
139 Vgl. BT-Drucks. 9/971.
140 So *Schulze-Fielitz*, NVwZ 1983, S. 713.

Art. 74 Nr. 11 GG begründete konkurrierende Gesetzgebungszuständig-
keit des Bundes für das Recht der Wirtschaft. Wäre man der Auffassung, daß bereits durch die gemeinsame Zugehörigkeit zu einer
so weit gefaßten Gesetzgebungsmaterie ein Sachzusammenhang konstituiert würde, der eine Ausdehnung des Verhandlungsgegenstands des
Vermittlungsausschusses legitimierte, so wäre es z. B. möglich, daß ein
Gesetzesbeschluß, der die Subventionierung von Wirtschaftsunterneh-
men zum Gegenstand hat, durch eine gewerbepolizeiliche Regelung ersetzt oder „ergänzt" werden könnte. Den oben geschilderten Gefahren,
die sich aus einer Ausweitung der Vermittlungskompetenz ergeben,
ließe sich auf diese Weise mit Sicherheit nicht wirksam gegensteuern.
Die Untauglichkeit einer solchermaßen begründeten Abgrenzung wird
zusätzlich daran deutlich, daß der Gesetzgeber in wachsendem Maße[141]
dazu übergeht — wie dies auch im Fall des 2. HStruktG geschah —
Artikelgesetze zu erlassen, die sehr häufig Regelungen enthalten, bei
denen sich die Gesetzgebungskompetenz des Bundes aus einer großen
Zahl von in Art. 73 ff. GG statuierten Kompetenzzuweisungen ableitet.
Hier über den Gesetzgebungskatalog der Art. 73 ff. GG einen Sachzusammenhang herzustellen, hieße nichts anderes, als dem Vermittlungsausschuß eine Blankovollmacht für seine Gesetzesempfehlungen auszu-
stellen.

4. Keine Herstellung eines Sachzusammenhangs im Hinblick
auf gemeinsame Zielsetzungen des vom Bundestag verabschiedeten Entwurfs
des 2. HStruktG und des Gesetzes zum Abbau der Fehlsubventionierung
und der Mietverzerrung im Wohnungswesen

Ein für die Begründung der Vermittlungskompetenz erforderlicher
Sachzusammenhang des Art. 27 2. HStruktG mit dem in 3. Lesung durch
den Bundestag verabschiedeten Entwurf eines 2. HStruktG wird z. T.
aus der gemeinsamen Zielsetzung beider Gesetzgebungsvorhaben abgeleitet[142].

Dietlein hat diesen durch das gemeinsame Ziel konstituierten Sachzusammenhang schon früher folgendermaßen umschrieben[143]: „Dieser
Sachzusammenhang wird dadurch hergestellt, daß das Anrufungsbegehren entweder das Ziel des Gesetzesbeschlusses mit anderen Mitteln
oder auf anderen Wegen zu erreichen sucht oder eine andere Alternative zu der Zielsetzung selbst aufzeigt".

---

[141] Vgl. hierzu näher *Zeh*, Die Zweckmäßigkeit von Artikelgesetzen, Gutachten des Wissenschaftlichen Dienstes des Deutschen Bundestages (unveröff.), 1982, S. 1 ff.

[142] So *Dietlein*, NJW 1983, S. 83 f. und *Strohmeier*, ZParl. 1982, S. 477.

[143] Vgl. *Dietlein*, AöR Bd. 106 (1981), S. 525 (538).

Einen Sachzusammenhang zwischen verschiedenen Gesetzentwürfen allein unter dem Aspekt ihrer gemeinsamen Zielsetzung zu begründen, begegnet prinzipiellen Bedenken[144].

Einem solchen Ansatz steht die Überlegung entgegen, daß häufig die Zielsetzungen einer Norm so abstrakt sind, daß von hierher allein eine Konturierung des zulässigen Vermittlungsgegenstands schwerlich realisierbar ist. Gerade bei einem Gesetz, das die Verbesserung der Haushaltsstruktur des Bundes bezweckt, läßt sich die Untauglichkeit eines solchen Unterfangens in besonderer Weise demonstrieren. Praktisch alle Gesetze, die in irgendeiner Weise die Finanzsituation des Bundes zu verbessern in der Lage sind — sei es durch Erhöhung der Einnahmen, sei es durch Verringerung staatlicher Ausgaben — könnten bei Zugrundelegung des genannten Abgrenzungskriteriums zulässiger Gegenstand von Verhandlungen und Empfehlungen des Vermittlungsausschusses sein. Die gesetzlichen Mittel, die zur Herbeiführung dieses Ziels in Betracht kommen, sind nämlich praktisch unbegrenzt. Von daher gesehen wäre also sehr wohl denkbar, daß der Vermittlungsausschuß eine gesetzliche Regelung zu seinem Verhandlungsgegenstand macht, die gänzlich andere politische und rechtliche Implikationen mit sich bringt als der vom Bundestag beschlossene Gesetzentwurf und bezüglich der deshalb im Bundestag keinerlei Vorberatung stattgefunden hat. Erschwert wird die Abgrenzung des Verhandlungsgegenstands anhand des gesetzgeberischen Ziels noch zusätzlich dadurch, daß ein Gesetzesbeschluß häufig keine eindimensionale Zielsetzung aufweist, sondern ein ganzes Bündel legislatorischer Zielsetzungen in sich schließt. In einem solchen Fall könnte es aber schwerlich ausreichen, wenn man, wie dies von den Vertretern der hier abgelehnten Position offenbar für ausreichend angesehen wird, allein aus einer partiellen Identität der Zielsetzung zwischen Gesetzesbeschluß des Bundestags und Gesetzesempfehlung des Vermittlungsausschusses die Zulässigkeit des letzteren ableitete.

Die Einwände gegen die Bejahung eines Sachzusammenhangs lassen sich im übrigen auch dann nicht ausräumen, wenn man dem durch den Bundestag verabschiedeten Entwurf des 2. HStruktG neben seiner allgemeinen finanzpolitischen eine zusätzliche, insbesondere durch Art. 26 des Entwurfs des 2. HStruktG[145] begründete wohnungsbaupolitische Zielsetzung unterstellt und insoweit eine Gemeinsamkeit mit dem späteren Art. 27 2. HStruktG konstruiert. Ganz abgesehen davon, daß der Einsatz der durch die Änderung des § 18 a WoBindG dem Staat neu

---

144 So im Ergebnis auch *Bismark*, DÖV 1983, S. 277; *Schulze-Fielitz*, NVwZ 1983, S. 712 f.

145 Vgl. BR-Drucks. 490/81 m. Hinw. auf BR-Drucks. 363/81.

erschlossenen Einnahmequelle für die Zwecke des Wohnungsbaus gesetzlich nicht festgelegt ist[146], änderte auch eine gemeinsame wohnungsbaupolitische Zielsetzung nichts daran, daß die Zahl der zur Förderung
des Wohnungsbaus in Betracht kommenden staatlichen Finanzierungs-
maßnahmen unübersehbar ist[147]. Die Geldmittel, die zur Ankurbelung
des Wohnungsbaus durch den Staat benötigt werden, kann dieser sich
auf die verschiedenartigsten Weisen beschaffen.

Die Probleme, die sich bei einer ausschließlich an der Zielsetzung
einer Norm orientierten Bestimmung des Sachzusammenhangs ergeben,
müssen sich im übrigen beim Vorliegen von Artikelgesetzen wie dem
2. HStruktG, das einen ganzen Katalog gesetzlicher Zielvorstellungen in
sich schließt, noch zusätzlich verschärfen, indem sich hier die Verhandlungsmasse des Vermittlungsausschusses um ein Vielfaches potenzieren
könnte. Dies verbietet es hier zusätzlich, allein aus einer partiellen
Identität der Zielsetzung gesetzlicher Regelungen deren Sachzusammenhang zu folgern[148].

Mit all dem soll selbstverständlich nicht gesagt werden, daß der
Zielsetzung des in 3. Lesung verabschiedeten Gesetzesbeschlusses
des Bundestags überhaupt keine Bedeutung für die Bestimmung
des Verhandlungsgegenstands des Vermittlungsausschusses zukommt,
wohl aber genügt sie allein noch nicht, um den für die Vermittlungskompetenz des Vermittlungsausschusses erforderlichen Sachzusammenhang zu konstituieren. Neben der Identität der Zielsetzung ist
vielmehr weiter erforderlich, daß zwischen den Mitteln, die der ur-
sprüngliche Gesetzesbeschluß vorgesehen hatte, und jenen in den Gesetzesempfehlungen des Vermittlungsausschusses angesprochenen eine
weitgehende Ähnlichkeit und Vergleichbarkeit gegeben ist. Gerade an
dieser Voraussetzung fehlt es aber im vorliegenden Fall. Das „Gesetz
zum Abbau der Fehlsubventionierung und der Mietverzerrung im
Wohnungswesen" bedient sich eines gänzlich anderen Instrumenta-
riums zur Verwirklichung wohnungsbaupolitischer Ziele, als es der
Bundestag in Art. 26 des Entwurfs des 2. HStruktG zunächst vorgesehen
hatte. Während der Bundestag dort durch Steuervergünstigungen dem
Wohnungsbau neue Impulse vermitteln wollte, also insofern eine rein
begünstigende Regelung für den Bürger anstrebte, versuchte das durch
den Vermittlungsausschuß vorgeschlagene „Gesetz zum Abbau der Fehlsubventionierung und der Mietverzerrung im Wohnungswesen", dieses

---

[146] Anders als nach Art. 27 Unterartikel 1 § 10 2. HStruktG bezüglich der
Ausgleichszahlungen der Inhaber von öffentlich geförderten Mietwohnungen.

[147] Das verkennt *Dietlein*, NJW 1983, S. 84 f.

[148] So auch *Henseler*, NJW 1982, S. 851, der dabei allerdings zu weit geht,
wenn er der Zielsetzung einer Norm bei Artikelgesetzen keinerlei Relevanz
für die Bestimmung des Sachzusammenhangs zubilligen will.

Ziel nicht mittels einer Wirtschaftslenkung durch Steuergesetze zu erreichen, vielmehr wurde hier ein ganz neuer Eingriffstatbestand geschaffen, der neben seiner besonderen politischen Implikation auch im
Hinblick auf die hierdurch tangierte Eigentumsgarantie wie auch unter
dem Aspekt der unechten Rückwirkung von Gesetzen ganz spezifische
verfassungsrechtliche Probleme aufwirft. Art. 27 2. HStruktG bildet
dabei nicht nur einen Annex zum Gesetzesbeschluß des Bundestags,
sondern ein in sich geschlossenes, aus einer Vielzahl von Vorschriften
bestehendes Regelungswerk. Die Eigenständigkeit dieser Normierungen
findet in der Überschrift des Art. 27 „Gesetz zum Abbau der Fehlsubventionierung und der Mietverzerrung im Wohnungswesen" ihren
deutlichen Ausdruck. Belegt wird sie überdies dadurch, daß das „Gesetz
zum Abbau der Fehlsubventionierung und der Mietverzerrung im
Wohnungswesen" zuvor den Gegenstand anderer Gesetzesinitiativen
bildete[149], die durch den Bundestag getrennt von dem 2. HStruktG beraten wurden und damit zunächst ein ganz anderes „parlamentarisches
Schicksal" hatten. Das ist um so bemerkenswerter und aussagekräfti-
ger, als in der 2. und 3. Beratung des von der Bundesregierung eingebrachten Entwurfs des 2. HStruktG durch den Bundestag der „Entwurf
eines Gesetzes zur Stärkung der Investitionstätigkeit im Baubereich
und zum Abbau ungleichmäßiger Besteuerung in der Wohnungswirtschaft"[150] in die Beratungen des 2. HStruktG miteinbezogen wurde, eine
solche Einbeziehung hinsichtlich der dem Art. 27 2. HStruktG zugrundeliegenden Gesetzesinitiativen jedoch bewußt unterblieb.

Selbst wenn man dem Vermittlungsausschuß bei der Entscheidung
über das Vorliegen eines Sachzusammenhangs einen weitgestrecken
Beurteilungsspielraum zubilligt, wird dieser dabei hier in Anbetracht
des Votums des unmittelbar demokratisch legitimierten Gesetzgebungs-
organs für eine Trennung der einzelnen Gesetzgebungsverfahren ge-
sprengt. Funktionell-rechtliche Gründe indizieren jedenfalls bei einer
solchen Fallkonstellation die Restriktion der Vermittlungskompetenz.
Erhärtet wird dies zusätzlich durch die Überlegung, daß auf dem Hintergrund der modernen Parteiendemokratie die Anrufung des Vermittlungsausschusses durch die Bundesregierung sinnvollerweise nicht
so verstanden werden kann, daß hier die Regierung dem Vermittlungsausschuß eine Vollmacht erteilen wollte, die auf eine Desavouierung
der mit der Bundesregierung im gleichen politischen Lager stehenden
Parlamentsmehrheit hinausliefe, wenn der Vermittlungsauftrag sich
auch auf neben den Gesetzesbeschluß des Bundestags tretende, bisher
durch diesen getrennte und nicht abschließend beratende Gesetzesvor-
haben erstreckte (vgl. auch oben II vor 1). Eine solche Nichtrespektie-

---

149 Vgl. BT-Drucks. 9/743, 9/744 u. 9/468.
150 Vgl. BT-Drucks. 9/796, 9/843, 9/889.

rung des Willens von Bundestag und Bundesregierung durch den Vermittlungsausschuß erweckte auch unter dem Aspekt des Rechtsprinzips der Verfassungsorgantreue Bedenken. Ganz sicher verfehlt ist es jedenfalls, wenn Strohmeier[151] ausgerechnet die dem Vermittlungsverfahren vorangehende parlamentarische Behandlung des Entwurfs des 2. HStruktG und die der dem „Gesetz zum Abbau der Fehlsubventionierung und der Mietverzerrung im Wohnungswesen" zugrundeliegenden Gesetzentwürfe[152] als Indiz für das Bestehen eines Sachzusammenhangs zwischen dem ursprünglich beschlossenen 2. HStruktG und dem „Gesetz zum Abbau der Fehlsubventionierung und der Mietverzerrung im Wohnungswesen" ansieht.

Aus dem vorher Gesagten ergibt sich bereits, daß es entgegen Dietlein[153] erst recht nicht angeht, einen Sachzusammenhang aus einer Alternative zur Zielsetzung eines Gesetzesbeschlusses abzuleiten. Von einer Alternative zur Zielsetzung kann — soll dieses Kriterium sinnvoll sein und als einschränkender Topos zur Bestimmung eines Sachzusammenhangs fungieren — nur im Hinblick auf eine jenseits einer Zielsetzung bestehende, dieser übergeordneten Zielsetzung gesprochen werden. Damit ist aber auch diese Konstituierung eines Sachzusammenhangs durch eine Metazielsetzung all jenen Einwänden ausgesetzt, die oben gegenüber der Begründung eines Sachzusammenhangs durch eine gemeinsame Zielsetzung vorgetragen wurden, ja die Bedenken gegen eine solchermaßen bewirkte Herstellung eines Sachzusammenhangs sind angesichts des höheren Abstraktionsniveaus der Metazielsetzung sogar noch ausgeprägter.

5. Begründung des Sachzusammenhangs durch die dem Gesetzesbeschluß des Bundestags vorausgegangenen Gesetzesberatungen?

Erwiesen sich die vorher genannten Gesichtspunkte als nicht ausreichend, um die Kompetenz des Vermittlungsausschusses zur Einbeziehung des Art. 27 2. HStruktG in seine Gesetzesempfehlungen zu begründen, so wäre noch daran zu denken, diese damit zu rechtfertigen, daß das „Gesetz zum Abbau der Fehlsubventionierung und der Mietverzerrung im Wohnungswesen" möglicherweise den Gegenstand von Verhandlungen im Bundestag und/oder Bundesrat bildete. In der Tat wird denn auch sowohl in der Literatur[154] wie auch von seiten von

---

[151] Vgl. Strohmeier, ZParl. 1982, S. 477.

[152] Vgl. BT-Drucks. 9/743 u. 9/744 sowie 9/468.

[153] Dietlein, AöR Bd. 106 (1981), S. 538.

[154] Vgl. Dietlein, NJW 1983, S. 83; Schmidt-Bleibtreu / Klein, GG, Art. 77, Rdnr. 8; prinzipiell wohl auch Bismark, DÖV 1983, S. 271 und Henseler, NJW 1982, S. 850.

Politikern[155] die Auffassung vertreten, durch solche Beratungen würde das Terrain mit abgesteckt, innerhalb dessen die Vermittlungskompetenz des Vermittlungsausschusses sich zu bewegen habe.

a) Die Begründung eines Sachzusammenhangs durch die dem Gesetzesbeschluß vorausgehenden Verhandlungen des Bundestags

Unbestreitbar wird durch die einem Gesetzesbeschluß vorausgehenden Gesetzesberatungen im Bundestag der Vermittlungsgegenstand prinzipiell mitkonstituiert. All jene Einwände, aus denen heraus oben (wegen einer sich sonst ergebenden unzulässigen Gesetzesinitiative des Vermittlungsausschusses, des demokratischen Funktionsverlustes des parlamentarischen Verfahrens wie auch einer Schwächung des Bundestags) einer Restriktion der Vermittlungskompetenz des Vermittlungsausschusses das Wort geredet wurde, kommen hier nicht zum Tragen. Im vorliegenden Fall fand nun aber im Rahmen der Bundestagsberatungen über das 2. HStruktG keine Erörterung des „Gesetzes zum Abbau der Fehlsubventionierung und der Mietverzerrung im Wohnungswesen" statt[156].

b) Keine Begründung eines Sachzusammenhangs durch die Stellungnahmen des Bundesrats zum 2. HStruktG

Gerechtfertigt werden könnte die Einbeziehung des Art. 27 2. HStruktG in die Vermittlungsmasse des Vermittlungsausschusses damit nur noch dann, wenn allein schon die im Rahmen des Gesetzgebungsverfahrens des 2. HStruktG vor Anrufung des Vermittlungsausschusses abgegebenen Stellungnahmen im Bundesrat eine Vermittlungskompetenz des Vermittlungsausschusses begründeten.

aa) Keine Ausweitung der Vermittlungskompetenz durch die Stellungnahme des Bundesrats im 2. Durchgang

Eine Rechtfertigung der Vermittlungstätigkeit im Hinblick auf eine Diskussion des „Gesetzes zum Abbau der Fehlsubventionierung und der Mietverzerrung im Wohnungswesen" oder Teilen desselben im Rahmen des 2. Durchgangs des 2. HStruktG beim Bundesrat scheidet im vorliegenden Fall von vornherein deshalb aus, da der Bundesrat über

---

[155] Vgl. *Vogel*, BT-StenBer. 9/73, S. 4258; *Stoltenberg*, BR-StenBer. 506/81, S. 406.

[156] Dazu, daß auch die erste Beratung (BT-StenBer. 9/55) der entsprechende Regelungen enthaltenden Gesetzesentwürfe BT-Drucks. 9/743 u. 9/468 sowie eines „Gesetz(es) über den Abbau der Fehlsubventionierung im Wohnungswesen" (BT-Drucks. 9/744) nicht ausreichten, um das Verfahren des Vermittlungsausschusses verfassungsrechtlich zu rechtfertigen, s. oben I, 2 e.

die in diesem Gesetz getroffenen Regelungen hier nicht verhandelte, vielmehr auf diese nur mittelbar dadurch Bezug nahm, daß er zur Begründung seiner Ablehnung des vom Bundestag beschlossenen Entwurfs des 2. HStruktG insoweit ganz pauschal auf seine im 1. Durchgang abgegebene Stellungnahme vom 25. 9. 1981 verwies, die der Bundestag so gut wie gar nicht berücksichtigt habe[157].

Davon ganz abgesehen dürfte eine Stellungnahme des Bundesrats im 2. Durchgang ohnehin ganz allgemein nicht geeignet sein, eine Ausweitung der Vermitttlungskompetenz des Vermittlungsausschusses zu begründen. Relevant werden kann sie vielmehr nur im Sinne einer Restriktion der Vermittlungskompetenz, indem sie die zwischen Bundestag und Bundesrat streitige Rechtsmaterie markiert. Daß hingegen eine Extension der Verhandlungsmasse ausscheidet, wird daran evident, daß eine erst in dieser Phase des Gesetzgebungsverfahrens abgegebene Stellungnahme des Bundesrats vom Bundestag bei seinen Gesetzesberatungen nicht mehr berücksichtigt werden könnte. Hielte man es für möglich, durch Stellungnahmen des Bundesrats im 2. Durchgang die Verhandlungsmasse zu vergrößern, so wäre es dadurch dem Bundesrat möglich, beliebig den Vermittlungsauftrag des Vermittlungsausschusses zu manipulieren und damit das Vermittlungsverfahren im Sinne einer zusätzlichen Stärkung des Bundesrats im Gesetzgebungsverfahren zu instrumentalisieren. Daß ein Kompetenzzuwachs des Vermittlungsausschusses auf diesem Wege nicht begründbar ist, ergibt sich auch aus dem hieraus resultierenden demokratischen Funktionsverlust des parlamentarischen Verfahrens, wäre es doch dem Bundesrat sonst in die Hand gegeben, durch den Vorschlag eines völlig neuartigen Gesetzes, zu dem der Bundestag vorher keinerlei Gelegenheit hatte, sich zu äußern und zu verhandeln, die Verhandlungsmasse des Vermittlungsausschusses anzureichern. Der Sache nach liefe dies auf eine Kreation eines neuartigen Gesetzesinitiativrechts des Bundesrats hinaus; neben das in Art. 76 Abs. 1 GG statuierte Gesetzesinitiativrecht des Bundesrats träte nunmehr noch ein zusätzliches Gesetzesinitiativrecht des Bundesrats in einem auf Kosten der Mitwirkung des Bundestags (wie auch der Bundesregierung; vgl. Art. 76 Abs. 3 GG) verkürzten Gesetzgebungsverfahren. Die verfassungsrechtliche Unhaltbarkeit einer solchen Konstruktion liegt auf der Hand.

---

[157] Vgl. BR-Drucks. 490/81; s. im übrigen auch BR-StenBer. 506/81.

5 Schenke

bb) Keine Ausweitung der Vermittlungskompetenz durch die Stellungnahme des Bundesrats im 1. Durchgang

Eher erwägbar wäre es demgegenüber schon, dem Verhalten des Bundesrats im Rahmen des 1. Durchgangs gemäß Art. 76 Abs. 2 S. 1 GG Bedeutung für die Ausweitung der Vermittlungskompetenz zuzuschreiben, indem möglicherweise hierdurch ein Sachzusammenhang mit dem den Vermittlungsgegenstand konstituierenden Gesetzesbeschluß des Bundestags herstellbar ist. Einschränkend ist dabei allerdings von vornherein festzustellen, daß Verhandlungen im Bundesrat für die Bestimmung der Vermittlungskompetenz des Vermittlungsausschusses jedenfalls nur insoweit Relevanz besitzen können, als sie in der an den Bundestag adressierten Stellungnahme des Bundesrats ihren Ausdruck gefunden haben. Nur bezüglich der hier bezeichneten Punkte besteht für die Bundestagsabgeordneten die Möglichkeit, sich im Rahmen des Gesetzgebungsverfahrens über die Vorstellungen des Bundesrats zu informieren und sie in ihre eigene Willensbildung einfließen zu lassen. Zudem ist aus der Nichterwähnung bestimmter Verhandlungsgegenstände des Bundesrats in einer gemäß Art. 76 Abs. 2 S. 2 GG abgegebenen Stellungnahme gegenüber dem Bundestag abzuleiten, daß diesen Punkten vom Bundesrat in Verbindung mit der Gesetzesinitiative der Bundesregierung offenbar keine Relevanz beigemessen wurde. Deshalb könnte hier allein aus dem Umstand, daß der baden-württembergische Ministerpräsident Späth in seiner Bundesratsrede am 25. 9. 1981 auch die Gesetzesinitiative des Bundesrats ansprach, dergemäß alte öffentliche Darlehen nunmehr in Zukunft mit einem höheren Zinssatz zu verzinsen sein sollten[158], noch nicht eine Ausweitung der Vermittlungskompetenz des Vermittlungsausschusses gerechtfertigt werden.

Legitimierbar wäre die durch den Vermittlungsausschuß vorgeschlagene Einbeziehung des „Gesetz(es) zum Abbau der Fehlsubventionierung und der Mietverzerrung im Wohnungswesen" damit allenfalls, wenn sie aus der vom Bundesrat im Rahmen des 1. Durchgangs abgegebenen Stellungnahme abgeleitet werden könnte. Einer solchen Stellungnahme müßte für den Umfang der Vermittlungskompetenz des Vermittlungsausschusses dabei sicher dann Bedeutung zukommen, wenn sie durch den Bundestag im Rahmen der Gesetzesberatungen aufgegriffen und über sie verhandelt würde. Dann folgte allerdings ihre Beachtlichkeit bereits aus der Bedeutung der Bundestagsverhandlungen für die Bestimmung des Umfangs der Vermittlungsmasse (vgl. oben unter II, 5 a).

---

[158] Vgl. *Späth*, BR-StenBer. 503/81, S. 289.

Schwieriger gestaltet sich die Rechtslage dort, wo die Stellungnahme des Bundesrats thematisch über den Gesetzesbeschluß des Bundestages hinausreicht und sich der Bundestag mit dieser im Rahmen der Gesetzesberatungen nicht befaßt hat, wie dies hier zutraf. Zwar mag man einer solchen Stellungnahme des Bundesrats in dem durch den Begriff des Sachzusammenhangs umschriebenen thematischen Grenzbereichen des Gesetzesbeschlusses noch eine gewisse Indizfunktion für die Bestimmung des Umfangs der Vermittlungskompetenz beimessen. Soweit vom Inhalt der Stellungnahme her ein solcher Sachzusammenhang jedoch nicht nachweisbar ist — wie dies nach dem oben Gesagten hier zutrifft —, ist es jedoch sehr problematisch, eine Ausweitung der Vermittlungskompetenz des Vermittlungsausschusses allein aus der Stellungnahme des Bundesrats im ersten Durchgang zu konstruieren.

Mag es auch vordergründig gesehen naheliegen, einer Stellungnahme des Bundesrats im 1. Durchgang für den Umfang der Vermittlungskompetenz des Vermittlungsausschusses deshalb Relevanz beizumessen, weil bei ihr für den Bundestag die Möglichkeit besteht, sich zu der Stellungnahme des Bundesrats zu äußern und er es deshalb zu verantworten hat, wenn er die Möglichkeit zur Erstreckung seiner Verhandlungen auf die in der Stellungnahme des Bundesrats entwickelten gesetzgeberischen Vorstellungen nicht nutzt. Bei näherer Hinsicht ergeben sich jedoch gegenüber einer solchen Argumentation eine Reihe von Einwänden. Noch am geringsten mag dabei das Argument wiegen, daß es schwerlich einzusehen ist, warum je nachdem, von welchem Organ die Gesetzesinitiative ausging, dem Bundesrat unterschiedliche Einflußnahmen auf die Bestimmung des Vermittlungsgegenstands eingeräumt sein sollen[159].

Bedeutsamer erweist sich schon die Überlegung, daß Art. 76 Abs. 2 S. 1 GG sowohl nach seinem Wortlaut wie auch nach seinem Zusammenhang offensichtlich dazu dienen soll, dem Bundesrat das Recht einzuräumen, zu der Gesetzesvorlage der Bundesregierung Stellung zu nehmen, nicht aber neue, thematisch über die Gesetzesvorlage hinausreichende, inhaltlich eine andere Materie betreffende Gesetzgebungsvorhaben zu entwickeln. Zwar wird man solche Themenüberschreitungen des Bundesrats noch nicht für unzulässig ansehen können; für den Bundestag besteht hier aber jedenfalls keine Veranlassung, sich mit dem ein neues Thema betreffenden Gesetzesvorschlag zu befassen, da dies nicht mehr durch die Ratio des Art. 76 Abs. 2 S. 1 u. 2 GG gedeckt

---

[159] Ein 1. Durchgang beim Bundesrat findet ja nur hinsichtlich der von der Bundesregierung ausgehenden Gesetzesinitiativen gem. Art. 76 Abs. 2 S. 1 GG statt.

wäre. Damit stünde es aber nun in Widerspruch, wenn man die Stellungnahme des Bundesrats als Rechtfertigung für die Ausweitung der Vermittlungskompetenz des Vermittlungsausschusses ansähe; denn hierdurch könnte der Bundestag faktisch gezwungen werden, sich mit der Stellungnahme des Bundesrats zu befassen und sie zum Gegenstand seiner Gesetzesberatungen zu machen, da er andernfalls — wie oben unter I gezeigt — seine Position im Gesetzgebungsverfahren erheblich schwächte.

Damit erlangte der Bundesrat die Möglichkeit, über den Umfang der Gesetzesberatungen des Bundestags zu disponieren. Das stünde nicht nur in Widerspruch dazu, daß der Stellungnahme des Bundesrats im 1. Durchgang für den Bundestag nach der bundesverfassungsgerichtlichen Judikatur keine Bedeutung zukommen soll[160]. Es wäre vor allem deshalb verfassungsrechtlich bedenklich, weil hierdurch dem Bundesrat faktisch ein neuartiges Gesetzesinitiativrecht eingeräumt würde, für dessen Schaffung neben dem in Art. 76 Abs. 1 GG statuierten Recht des Bundesrats zur Gesetzesinitiative keinerlei praktische Notwendigkeit ersichtlich ist und welches außerdem zur Umgehung des Art. 76 Abs. 3 GG führte, nach dem Vorlagen des Bundesrats zunächst der Bundesregierung zuzuleiten sind, die sie innerhalb von drei Monaten an den Bundestag mit einer Darlegung ihrer Auffassung zur Gesetzesinitiative weiterzuleiten hat. Durch eine im Gewand einer Stellungnahme gemäß Art. 76 Abs. 2 S. 2 GG ausgeübten Gesetzesinitiative des Bundesrats würde damit der Ratio des Art. 76 Abs. 3 GG zuwidergehandelt. Dieser bezweckt, in einem frühzeitigen Stadium des Gesetzgebungsverfahrens dem durch den Bundesrat aktivierbaren Sachverstand der Landesexekutiven ein Gegengewicht in Gestalt des Sachverstands der Bundesexekutive entgegenzusetzen. Insofern stellt die Vorschrift das Pendant zu der durch die gleiche Ratio bestimmten Regelung des Art. 76 Abs. 2 S. 1 GG dar. Bedenkt man, daß eine Umgehung des Art. 76 Abs. 2 S. 1 GG mittels Einbringung einer von der Bundesregierung erarbeiteten Gesetzesinitiative durch dieser nahestehende Bundestagsabgeordnete vielfach als verfassungswidrig[161], zumindest aber als verfassungspolitisch sehr bedenklich angesehen

---

[160] Vgl. BVerfGE 3, S. 12 (17): „Der Äußerung des Bundesrats beim ersten Durchgang gemäß Art. 76 Abs. 2 S. 2 GG ... kann ... jedenfalls dem Bundestag gegenüber keine rechtserhebliche Bedeutung zukommen".

[161] Vgl. *Kirn*, Die Umgehung des Bundesrates bei ganz besonders eilbedürftigen Regierungsvorlagen, ZRP 1974, S. 1 ff.; *Hamann / Lenz*, Das Grundgesetz für die Bundesrepublik Deutschland vom 23. 5. 1949, 3. Aufl., Neuwied und Berlin 1970, Art. 76, Anm. B 2; *Kutscher*, Verfassungsrechtliche Fragen aus der Praxis des Bundesrates, DÖV 1952, S. 712; *v. Mangoldt / Klein*, GG, Art. 76, Anm. IV 6 d; *Schenke*, Die Verfassungsorgantreue, S. 94 f.; *Stern*, Das Staatsrecht der Bundesrepublik Deutschland, Bd. II, S. 620, § 37 III 4 b.

wird[162], so spricht auch dies dagegen, der Stellungnahme des Bundesrats faktisch die Bedeutung einer Gesetzesinitiative beizumessen und
damit die Ratio des Art. 76 Abs. 3 GG (die sich mit jener des Art. 76
Abs. 2 S. 1 GG trifft) zu umgehen. Dieses Postulat ist aber nur dann
gesichert, wenn es dem Bundesrat nicht möglich ist, durch eine Stellungnahme gemäß Art. 76 Abs. 2 S. 2 GG die Verhandlungskompetenz
des Vermittlungsausschusses auszuweiten.

Dies gilt um so mehr, als bei einem solchen „faktischen Gesetzesinitiativrecht" des Bundesrats die Rechtsstellung der Bundestagsabgeordneten in einer dem Demokratieprinzip nicht entsprechenden Weise
eingeschränkt würde. Wie schon (vgl. oben I, 2 e) gezeigt wurde, gehört
zu den im verfassungsrechtlichen Status des Abgeordneten eingeschlos-
senen Rechten auch die Befugnis, durch Sachanträge auf den Inhalt
einer Gesetzesintitiative Einfluß zu nehmen. Ein solches Recht soll
aber dem Abgeordneten nach dem das Sachantragsrecht der Abgeordneten konkretisierenden § 82 GeschOBT nur insoweit zustehen, als sich
die Sachanträge auf die nach Art. 76 Abs. 1 GG ausgeübten Gesetzesinitiativen beziehen[163].

Um dem sich hier ergebenden Dilemma auszuweichen, bliebe allenfalls die Möglichkeit, auch den Umfang der das Sachantragsrecht der
Abgeordneten begrenzenden Gesetzesinitiative in einem umfassen-
deren Sinn zu interpretieren. Ehe man sich zu solchen Weiterungen
entschließt, die im übrigen auch an der oben angesprochenen Umgehung des Art. 76 Abs. 3 GG nichts ändern würden, sollte man daher
die These von der Möglichkeit einer Extension der Vermittlungskompetenz des Vermittlungsausschusses im Hinblick auf die Stellungnahme des Bundesrats im 1. Durchgang überhaupt fallen lassen.

Gegen eine durch eine Stellungnahme des Bundesrats herbeigeführte
Ausweitung der Vermittlungskompetenz spricht ferner, daß hierdurch
die oben geschilderte Gefahr (vgl. I, 2 f, bb) einer durch den Bundesrat bewußt herbeigeführten Ausdehnung des Kreises der zustimmungsbedürftigen Gesetze nicht gebannt werden könnte. Durch eine Stellungnahme des Bundesrats im 1. Durchgang könnte dieser von Anfang
an gezielt darauf hinarbeiten, einen zustimmungsbedürftigen Gesetzesbeschluß des Bundestags auf dem Wege über das Vermittlungsverfahren um solche Normen anzureichern, die isoliert gesehen nicht
zustimmungsbedürftig wären, die aber bei ihrer durch den Bundes-

---

[162] So *Maunz / Dürig / Herzog / Scholz*, GG, Art. 76, Rdnr. 14.

[163] Vgl. *Trossmann*, Parlamentsrecht des Deutschen Bundestages, § 81,
Rdnr. 3; *Ritzel / Bücker*, Handbuch für die parlamentarische Praxis, § 82
Abs. 1 GeschOBT, Anm. 1 b: „Alle Änderungen müssen sich jedoch auf den
der Beschlußempfehlung zugrundeliegenden Gesetzentwurf beziehen".

rat initiierten Einbeziehung in das Vermittlungsverfahren in Konsequenz der bundesverfassungsrechtlichen Rechtsprechung und h. M.[164] zustimmungsbedürftig wären.

Selbst wenn man entgegen der hier vertretenen Auffassung eine Erweiterung des Vermittlungsauftrags durch eine Stellungnahme des Bundesrats im 1. Durchgang für prinzipiell möglich ansähe, müßte aber bei der Annahme einer dergestalt bewirkten Ausweitung der Vermittlungskompetenz aus den oben bezeichneten Gründen zumindest sehr vorsichtig verfahren werden. Deshalb ginge es sicher nicht an, in jeder auch nur beiläufig gefallenen Äußerung in der Stellungnahme des Bundesrats eine Rechtfertigung für eine entsprechende Ausdehnung der Vermittlungskompetenz des Vermittlungsausschusses zu erblicken. Sieht man sich unter diesem Aspekt die Stellungnahme des Bundesrats im 1. Durchgang zu dem 2. HStruktG an, so fällt auf, daß in dieser sehr umfangreichen Stellungnahme (sie umfaßt 74 Seiten)[165] die vom Bundesrat in seiner Gesetzesinitiative vom 10. 7. 1981 beschlossene Konzeption nur auf wenigen Zeilen ganz am Rande erwähnt und nicht weiter ausgeführt wurde. Dies stand in auffälligem Gegensatz dazu, daß im übrigen die Stellungnahme des Bundesrats unter B[166] ganz dezidierte, in einen eigenen Gesetzentwurf einmündende Vorstellungen zum 2. HStruktG entwickelte. Von daher gesehen bestand aber für den Bundestag keine Veranlassung, im Rahmen der Beratungen über das 2. HStruktG auf die in der Stellungnahme des Bundesrats vom 25. 9. 1981 nicht weiter konkretisierten, sondern nur in Bezug genommenen Vorstellungen des Bundesrats einzugehen, die den Gegenstand eines anderen Gesetzgebungsverfahrens[167] bildeten.

Da der Bundesrat in seiner Stellungnahme auch nicht eine gleichzeitige parlamentarische Behandlung des 2. HStruktG und des von ihm initiierten Gesetzentwurfs zur Belebung des sozialen Wohnungsbaus und zum Abbau nicht mehr gerechtfertigter Subventionen (WoBau-ÄndG 1981) angeregt hatte, konnten die Bundestagsabgeordneten folglich darauf vertrauen, im Rahmen des der Behandlung dieser Gesetzesinitiative des Bundesrats gewidmeten Verfahrens die Möglichkeit zur Debatte über dieses Gesetz, auf das § 18 a WoBindG i. d. F. des 2. HStruktG zurückgeht, zu besitzen. Das gilt um so mehr, als bei der zweiten Beratung des 2. HStruktG, der für die Verwirklichung der verfassungsmäßigen Rechte der Abgeordneten auf der Basis der GeschO-

---

[164] Vgl. BVerfGE 8, S. 274 (294); *Bryde*, in: v. Münch, GG, Bd. 3, Art. 77, Rdnr. 21.

[165] Vgl. BR-Drucks. 363/81.

[166] Vgl. BR-Drucks. 363/81.

[167] Vgl. BT-Drucks. 9/743 u. BT-StenBer. 9/55.

BT elementare Bedeutung zukommt, sich der die Änderung des § 18 a
WoBindG betreffende Gesetzentwurf noch zur Beratung in dem Ausschuß für Raumordnung, Bauwesen und Städtebau befand, der hier im
Anschluß an die 1. Lesung des Gesetzentwurfs ein Planspiel durch-
führte. Selbst wenn man davon ausgehen würde, daß der Gegenstand
der Vermittlungskompetenz des Vermittlungsausschusses durch die
Stellungnahme des Bundesrats nach Art. 76 Abs. 2 S. 2 GG erweiterbar
ist, kann das jedenfalls dann nicht gelten, wenn in dieser Stellungnahme auf eine inzwischen schon anderweitig anhängig gemachte Gesetzesinitiative des Bundesrats verwiesen wird, mit welcher sich der
Bundestag ohnehin im Rahmen eines eigens diesem gewidmeten Gesetzgebungsverfahrens zu befassen hat. Damit scheidet es hier auf jeden Fall aus, über die Stellungnahme des Bundesrats gemäß Art. 76
Abs. 2 S. 2 GG einen Sachzusammenhang zu konstruieren.

6. Zwischenergebnis

Als Fazit der oben angestellten Untersuchungen ergibt sich damit,
daß ein Sachzusammenhang des Gesetzes zum Abbau der Fehlsubventionierung und der Mietverzerrung im Wohnungswesen und damit
auch der darin enthaltenen Novellierung des § 18 a WoBindG unter
keinem der oben genannten Gesichtspunkte mit dem ursprünglichen
durch den Bundestag verabschiedeten Entwurf des 2. HStruktG herstellbar ist. Damit hat der Vermittlungsausschuß seine ihm durch
Art. 77 Abs. 2 GG eingeräumte Kompetenz eindeutig überschritten.

III. Die Verfassungswidrigkeit
des § 18 a WoBindG i. d. F. des 2. HStruktG

1. Die grundsätzliche Verfassungswidrigkeit
verfahrensfehlerhafter Gesetze

Die Verfassungswidrigkeit der durch den Vermittlungsausschuß aus-
gesprochenen Empfehlung einer Einbeziehung des „Gesetzes zum Abbau der Fehlsubventionierung und der Mietverzerrung im Wohnungswesen" in das 2. HStruktG indiziert zugleich die Verfassungswidrigkeit
des Art. 27 2. HStruktG und damit auch die des § 18 a WoBindG i. d. F.
des 2. HStruktG. Das in Art. 76 f. GG normierte Gesetzgebungsverfahren stellt ein mehrstufiges bzw. zeitlich gestrecktes Verfahren dar. In
einem solchen Verfahren, bei dem die einzelnen Verfahrensabschnitte
aufeinander abgestimmt sind und insofern in einem ein Ganzes bildenden untrennbaren Zusammenhang stehen, entspricht es einem allgemeinen Rechtsgrundsatz, daß hier Fehler in den vorausgegangenen
Stufen des Verfahrens auch auf die späteren Verfahrensabschnitte und

insbesondere das Verfahrensergebnis durchschlagen[168]. Das entspricht auch der bundesverfassungsgerichtlichen Judikatur[169].

Dieser allgemeine Rechtsgrundsatz findet speziell für das Gesetzgebungsverfahren in Art. 82 GG seine Bestätigung. Die Bedeutung dieser Vorschrift ist zwar im einzelnen umstritten. Einigkeit besteht jedoch darüber, daß nach dieser Bestimmung nur solche Gesetze auszufertigen und zu verkünden sind, die in formell verfassungsmäßiger Weise, d. h. in einem ordnungsgemäßen Gesetzgebungsverfahren verabschiedet wurden[170].

2. Keine nachträgliche Heilung des Verfahrensfehlers durch Zustimmung des Bundestags

Von diesem durch Art. 82 GG erhärteten Grundsatz kann auch bei einer verfassungswidrigen Überschreitung der Vermittlungskompetenz des Vermittlungsausschusses nicht abgewichen werden. Die Verfassungsmäßigkeit eines Gesetzes läßt sich insbesondere nicht damit rechtfertigen, daß der Bundestag gemäßt § 10 Abs. 2 GeschOVermA i. V. mit Art. 77 Abs. 2 S. 5 GG dem Vermittlungsvorschlag des Vermittlungsausschusses zugestimmt hat und damit eine etwaige Verfassungswidrigkeit des Vermittlungsvorschlags geheilt sei. Dieser verschiedentlich vertretenen Auffassung[171] ist aus mehreren Gründen entschieden zu widersprechen.

a) Der Bundestag kann auf die Einhaltung der Verfahrenserfordernisse des Art. 77 Abs. 2 GG nicht verzichten

Würde man in der Annahme des Vermittlungsvorschlags durch den Bundestag eine Heilung des durch den Vermittlungsausschuß begangenen Verfahrensfehlers erblicken, so bedeutete dies, daß abweichend von einem geltenden Rechtsgrundsatz und in Widerspruch zu Art. 82 GG der Verstoß gegen Art. 77 Abs. 2 GG bei einem nach Zustimmung

---

[168] Vgl. zu diesem Grundsatz *Schenke*, in: Auflösung und Neuwahl des Bundestages 1983 vor dem Bundesverfassungsgericht, Dokumentation des Verfahrens, hrsg. von Heyde / Wöhrmann, Heidelberg 1984, S. 208.

[169] Vgl. hierzu BVerfGE 62, S. 1 (35 f.) im Zusammenhang mit dem Verfahren der Bundestagsauflösung: „Art. 68 GG normiert einen zeitlich gestreckten Tatbestand; an seinem Schluß steht, wenn das Verfahren nicht schon vorher sein Ende findet, die Entscheidung des Bundespräsidenten. Verfassungswidrigkeiten, die auf den zeitlich vorangehenden Stufen eingetreten sind, wirken auf die Entscheidungslage fort, vor die der Bundespräsident nach dem Auflösungsvorschlag des Bundeskanzlers gestellt ist".

[170] Vgl. statt vieler *Bryde*, in: v. Münch, GG, Bd. 3, Art. 82, Rdnr. 3: „Unstreitig ist der Bundespräsident zur Prüfung der formellen Verfassungsmäßigkeit eines Gesetzes berechtigt und verpflichtet".

[171] So *Dietlein*, NJW 1983, S. 87; *Henseler*, NJW 1982, S. 853 f.; *Kohlenbach*, BBauBl. 1983, S. 14; VG Schleswig, BBauBl. 1983, S. 51 (53).

des Bundestags (evtl. auch des Bundesrats) zustande gekommenen Gesetz stets ohne Sanktion bliebe. Damit würde insoweit die Normativität der Verfassung und damit das Prinzip der Verfassungsmäßigkeit der Gesetzgebung (Art. 20 Abs. 3 GG) preisgegeben. Betroffen würde dabei nicht nur das dem Art. 77 GG zugrundeliegende Gebot der Begrenzung des Beratungs- und Empfehlungsgegenstands des Vermittlungsausschusses, sondern auch eine Reihe anderer verfassungsrechtlicher Bestimmungen der Art. 76 und 77 GG, deren flankierendem Schutz die verfassungsrechtliche Begrenzung der „Vermittlungsmasse" des Vermittlungsausschusses dient und die kumulativ den verfassungsrechtlichen Rahmen für das Gesetzgebungsverfahren konstituieren. Zugleich — und hiermit zusammenhängend — wäre auch das hinter diesen Bestimmungen stehende, als verfassungsrechtliche Klammer wirkende Demokratieprinzip entscheidend beeinträchtigt. Dies wöge deshalb besonders schwer, weil von dessen Beachtung selbst der Verfassungsgesetzgeber gemäß Art. 79 Abs. 3 GG nicht zu dispensieren vermag[172]. Daß die Entscheidung des Bundestags über den Vermittlungsvorschlag aus verschiedenen Gründen nicht in der Lage ist, die demokratischen Defizite auszugleichen, die sich bei einer unzulässigen Ausdehnung der Vermittlungstätigkeit des Vermittlungsausschusses ergeben, wurde oben (vgl. I, 2 e) gezeigt.

Das Argument, es sei dem Bundestag ja unbenommen geblieben, den Vorschlag des Vermittlungsausschusses abzulehnen und evtl. nach vorheriger Debatte den Vermittlungsausschuß anzurufen, verfängt — mit dem eben Ausgeführten eng zusammenhängend — im übrigen schon deshalb nicht, weil es dem Bundestag nicht in die Hand gegeben sein kann, über die Mindesterfordernisse eines dem Demokratieprinzip genügenden Gesetzgebungsverfahrens zu verfügen. Das ergibt sich schon daraus, daß es bei den Vorschriften der Art. 76 f. GG nicht nur um den Schutz der Organrechte des Bundestages geht, sondern hier primär öffentliche Interessen geschützt werden, die, wie Art. 79 Abs. 3

---

[172] Eine Heilung der unter dem Aspekt des Demokratieprinzips begründeten Verfahrensfehler wäre im übrigen selbst dann nicht in Betracht gekommen, wenn der Bundestag den Vermittlungsvorschlag des Vermittlungsausschusses abgelehnt hätte und nun seinerseits den Vermittlungsausschuß angerufen hätte. Zwar wäre es dem Bundestag bei einem solchen Procedere nach Ablehnung des Vermittlungsvorschlags möglich gewesen, nunmehr in eine parlamentarische Debatte des Vermittlungsvorschlags einzutreten; es fehlte aber auf jeden Fall an der Möglichkeit für die einzelnen Abgeordneten, Sachanträge zu dem Vermittlungsvorschlag zu stellen, da solche mit dem Grundsatz der Unverrückbarkeit parlamentarischer Beschlüsse unvereinbar wäre. Zudem würden, wenn der Vermittlungsausschuß nun auf Anrufung durch den Bundestag nochmals den gleichen Vermittlungsvorschlag unterbreitete, auch dann nicht die Bedenken gegen eine Ausdehnung der Vermittlungstätigkeit durch den Vermittlungsausschuß (z. B. wegen der unzulässigen Ausübung eines Gesetzesinitiativrechts durch den Vermittlungsausschuß) ausgeräumt.

GG deutlich macht, sogar dem Zugriff durch verfassungsänderndes Gesetz entzogen sind. Zudem dienen die Vorschriften des Art. 77 GG auch dem Schutz parlamentarischer Minderheiten, deren Rechte naturgemäß für die Parlamentsmehrheit nicht disponibel sein können. Gerade im vorliegenden Fall sind aber einzelne Abgeordnete mit dem vom Vermittlungsausschuß eingeschlagenen Verfahren aus verfassungsrechtlichen Gründen nicht einverstanden gewesen und haben deshalb die Abstimmung über den Vermittlungsvorschlag durch den Bundestag für verfassungswidrig angesehen. So führte der Abgeordnete Conradi, unter der im Protokoll ausgewiesenen Zustimmung anderer SPD-Abgeordneter, zu Recht aus, daß er nicht hinnehmen wolle, daß durch das vom Vermittlungsausschuß eingeschlagene Procedere sein Recht, nach Art. 38 GG am Gesetzgebungsverfahren mitzuwirken de facto aufgehoben werde und daß dieses Verfahren unzulässig sei, „wenn es die Rechte auch nur eines einzigen Abgeordneten ... beeinträchtigt". Demgemäß weigerte er sich konsequenterweise unter Hinweis auf § 31 GeschOBT, sich an der Abstimmung des Bundestags über den Vermittlungsvorschlag zu beteiligen[173].

b) Selbst bei unterstellter prinzipieller Zulässigkeit eines Verzichts auf die Einhaltung der Verfahrenserfordernisse des Art. 77 Abs. 2 GG wäre der Verzicht im Falle des 2. HStruktG unzulässig

Selbst wenn man entgegen der hier vertretenen, durch eine Vielzahl von Argumenten erhärteten Auffassung es dennoch für zulässig ansähe, daß der Bundestag über die Einhaltung der durch die Art. 77 Abs. 2 GG konstituierten Verfahrenserfordernisse verfügt, könnte ein Verzicht auf diese nur dann wirksam sein, wenn für den Bundestag in concreto die Freiheit bestand, die Gesetzgebungsempfehlungen des Vermittlungsausschusses zum 2. HStruktG zurückzuweisen.

Gerade an dieser Voraussetzung fehlte es aber[174]. Im vorliegenden Fall stellt die vorgenommene Einfügung des „Gesetz(es) zum Abbau der

---

[173] Vgl. *Conradi*, BT-StenBer. 9/73, S. 4269 f.

[174] So auch *Quaas*, WM 1982, S. 284; *Schleifenbaum / Kamphausen*, DWW 1983, Heft 4, S. 4; *Zeh*, Zur verfassungsrechtlichen Problematik einer Beschlußempfehlung des Deutschen Bundestags, S. 9 f.; *Zuck / Quaas*, Zur Verfassungsmäßigkeit der Verzinsung und der vorzeitigen Ablösung von Familienheimdarlehen gemäß den Änderungen durch das 2. HStruktG, S. 21. Darauf, daß den Vorschlägen des Vermittlungsausschusses, wenn über sie nur einheitlich abgestimmt werden kann, vielfach eine präjudizierende Wirkung zukommt, die eine freie Entscheidung des Bundestags über die Annahme des Vermittlungsvorschlags ausschließt, hat früher schon *Gerhard Stoltenberg*, Legislative und Finanzverfassung 1954/55, Parlamentarische Willensbildung in Bundestag, Bundesrat und Vermittlungsausschuß, in: Vierteljahreshefte für Zeitgeschichte 1965, S. 238 f., hingewiesen.

Fehlsubventionierung und der Mitverzerrung im Wohnungswesen" nur den Teil eines umfangreichen Vermittlungspakets dar. Bezüglich dieses Gesamtpakets hatte der Vermittlungsausschuß von der ihm durch § 10 Abs. 3 S. 1 GeschOVermA eingeräumten Befugnis Gebrauch gemacht, nur eine gemeinsame Abstimmung über seine Änderungsvorschläge zuzulassen. In einem solchen Fall kann sich der Bundestag im Hinblick auf sein Interesse an der Verabschiedung der ihm genehmen Teile des Gesetzentwurfs faktisch gezwungen sehen, auch den unzulässigerweise in den Vermittlungsvorschlag eingefügten Gesetzesempfehlungen zuzustimmen, obwohl diese bei ihrer isolierten Beratung im Bundestag keine Chance zur Verabschiedung besessen hätten und ihre Einfügung durch den Vermittlungsausschuß rechtswidrig erfolgte[175].

Der Zwang zur Akzeptierung des gesamten Vermittlungsvorschlags besteht insbesondere dann, wenn es sich wie beim 2. HStruktG um ein umfangreiches Artikelgesetz handelt. Er steigert sich noch, wenn aus Zeitgründen eine möglichst baldige Verabschiedung der vom Bundestag gewünschten Teile des Gesetzentwurfs unumgänglich ist, wie dies gleichfalls im Fall des 2. HStruktG zutraf, das mit der von ihm bezweckten Sanierung der staatlichen Finanzen angesichts der prekären staatlichen Haushaltslage offensichtlich keinen Aufschub duldete[176].

Zusammenfassend ist damit festzustellen, daß die Überschreitung der Kompetenz des Vermittlungsausschusses durch das spätere Einverständnis des Bundestags mit den Gesetzesempfehlungen des Vermittlungsausschusses nicht geheilt wurde. Damit bleibt es dabei, daß das verfassungswidrige Verhalten des Vermittlungsausschusses zugleich die Verfassungswidrigkeit des Art. 27 2. HStruktG und damit auch des § 18 a WoBindG i. d. F. des 2. HStruktG herbeigeführt hat.

---

[175] Bezeichnend dafür, daß eine solche Situation gerade im Falle des Gesetzes zum Abbau der Fehlsubventionierung und der Mietverzerrung im Wohnungswesen gegeben war, ist, daß der FDP-Abgeordnete *Kleinert* (BT-StenBer. 9/73, S. 4268) ausführte, daß dieses Gesetz bei einer isolierten Abstimmung hierüber „wahrscheinlich nicht mehrheitsfähig geworden" wäre. Ein Beispiel aus der politischen Praxis, an dem sich zeigt, wie bedeutsam es ist, ob über Änderungsvorschläge des Vermittlungsausschusses einzeln oder nur insgesamt abgestimmt werden kann, findet sich bei *Reinert*, Vermittlungsausschuß und Conference Committees, S. 154. Rechtliche Bedenken gegen die in § 10 Abs. 3 GeschOVermA dem Vermittlungsausschuß eingeräumte Befugnis, nur eine einheitliche Abstimmung zuzulassen, äußert *Trossmann*, JZ 1983, S. 10.
[176] Vgl. hierzu auch *Kreile* (CDU), BT-StenBer. 9/73, S. 4263: „Die gesamte Gesetzgebungsarbeit und insbesondere das Vermittlungsverfahren standen unter einem ungeheuren Zeitdruck"; s. auch *Westphal* (SPD), BT-StenBer. 9/73, S. 4264 und *Kleinert*, BT-StenBer. 9/73, S. 4268.

IV. Die Nichtigkeit des § 18 a WoBindG i. d. F. des 2. HStruktG

Aus der oben festgestellten Verfassungswidrigkeit des Art. 27 des
2. HStruktG bzw. § 18 a WoBindG i. d. F. des 2. HStruktG kann noch
nicht ohne weiteres auf die Nichtigkeit des § 18 a WoBindG i. d. F. des
2. HStruktG geschlossen werden.

1. Die bundesverfassungsgerichtliche Judikatur zu den Rechtsfolgen verfahrensfehlerhafter Gesetze

Das BVerfG hat in zwei Entscheidungen die Auffassung vertreten,
daß Fehler im Gesetzgebungsverfahren nur dann zur Nichtigkeit des
Gesetzes führen[177], wenn sie evident sind.

Bei der Anknüpfung an diese Entscheidungen ist freilich von vornherein Vorsicht geboten. Bei der Entscheidung BVerfGE 31, S. 47 (53)
hat sich das BVerfG nur in einem obiter dictum zur Unbeachtlichkeit
nicht evidenter Verfahrensfehler einer untergesetzlichen Norm geäußert[178].

Die in BVerfGE 34, S. 9 (25) abgegebene Stellungnahme zu den Fehlerfolgen von Fehlern im Gesetzgebungsverfahren war zwar entschei-
dungsrelevant, zu beachten ist aber, daß dieses Urteil zu einer lange
Zeit sehr umstrittenen verfassungsrechtlichen Frage erging, die früher
durch die politische Praxis regelmäßig in anderem Sinn entschieden
wurde als dann durch das BVerfG. Insofern hätte die Annahme der
Nichtigkeit des verfahrensfehlerhaften Gesetzes in dem vom BVerfG
entschiedenen Fall weit über diesen hinausreichende Signalwirkungen
für eine ganze Reihe anderer Gesetze gehabt und damit unter dem
Aspekt der Rechtssicherheit höchst bedenkliche Folgen nach sich gezogen. Zudem betraf die seinerzeitige Verletzung von Verfahrensvor-
schriften im wesentlichen nur Formalien, nicht hingegen materiale
Grundprinzipien der Demokratie, wie sie durch das Verfahren des
Vermittlungsausschusses im Fall des 2. HStruktG in schwerwiegender
Weise tangiert wurden. Bezeichnend für den Stellenwert der Entscheidungen BVerfGE 31, S. 47 ff. und 34, S. 9 ff. scheint es mir im übrigen
zu sein, daß das BVerfG in seiner späteren Judikatur hierauf nicht
mehr zurückkam, obwohl der Sache nach — vom Standpunkt der früher bezogenen Position aus — durchaus Anlaß dazu bestanden hätte.

---

[177] Vgl. BVerfGE 34, S. 9 (25); s. auch schon BVerfGE 31, S. 47 (53).

[178] Zur verfassungsrechtlichen Problematik solcher verfassungsgerichtlicher
obiter dicta s. im übrigen *Schenke*, Die Verfassungsorgantreue, S. 122 ff. und
ders., NJW 1979, S. 1328 f.; in seiner neueren Judikatur hat sich das BVerfG
bei der Abgabe von obiter dicta — im Gegensatz zu seiner früheren Rechtsprechung — auffällig zurückgehalten, vgl. insbesondere BVerfGE 50, S.
290 ff.

So geht etwa das BVerfG in einer späteren Entscheidung, die die Zustimmungsbedürftigkeit eines Bundesgesetzes und damit ebenfalls eine Frage der Verfassungsmäßigkeit des Gesetzgebungsverfahrens betraf, wie selbstverständlich davon aus, daß das Fehlen der verfassungsrechtlich gebotenen Zustimmung des Bundesrats die Nichtigkeit des Gesetzes nach sich zieht[179]. Das Fehlen näherer Ausführungen zu diesem Punkt läßt sich dabei schon angesichts des hier vorliegenden Sondervotums eines Mitglieds des Gerichts[180] auch schwerlich damit erklären, daß in concreto der Fehler im Gesetzgebungsverfahren evident und deshalb schon aus diesem Grunde das überprüfte Bundesgesetz nichtig war.

2. Auch formell-verfassungswidrige Gesetze sind grundsätzlich nichtig

Die beiden Entscheidungen des BVerfG, in denen dieses von einer nur bei evidenten Fehlern im Gesetzgebungsverfahren anzunehmenden Nichtigkeit eines Gesetzes ausging, sind im übrigen in der Literatur von Anfang an auf Kritik gestoßen[181].

*a) Die Unzulässigkeit einer Gleichsetzung
der Fehlerfolgen formell-rechtswidriger Verwaltungsakte
und formell-rechtswidriger Normen*

Die beiden Judikate beruhen in der Tat, wie sich aus der Begründung des BVerfG ergibt[182], auf einer unzulässigen Gleichsetzung der Fehlerfolgen rechtswidriger Normen und rechtswidriger Verwaltungsakte. Damit wird jedoch verkannt, daß es insoweit schon deshalb an jeder Vergleichbarkeit fehlt, weil bei Verwaltungsakten die Rechtswidrigkeit, wenn nicht zur Nichtigkeit, so doch zur Aufhebbarkeit des Verwaltungsakts führt. Gerade an der zweiten Art der Sanktionierung von Rechtswidrigkeitsverstößen fehlt es aber bei rechtswidrigen Gesetzen, so daß hier mit der Verneinung der Nichtigkeit nicht evident verfahrensfehlerhafter Vorschriften die Normativität verfassungsrechtlicher Verfahrensbestimmungen preisgegeben und diese damit zu leges imperfectae abgewertet würden. In der Logik der bundesverfassungsgerichtlichen Judikatur müßte man zudem auch bei inhaltlichen Fehlern eines Gesetzes, die nicht evident sind, genauso wie bei Verwaltungsakten das Urteil der Nichtigkeit aussparen, was nun aber bezeich-

---

[179] Vgl. BVerfGE 48, S. 127 (158 ff.).

[180] Vgl. BVerfGE 48, S. 185 (205).

[181] Vgl. insbesondere *Papier*, Der verfahrensfehlerhafte Staatsakt, Tübingen 1973, S. 23; s. ferner auch *Konrad*, Parlamentarische Autonomie und Verfassungsbindung im Gesetzgebungsverfahren, DÖV 1971, S. 85; *Schenke*, Die Verfassungsorgantreue, S. 136 f.; *Schulze-Fielitz*, NVwZ 1983, S. 714; *Stern / Bethge*, Öffentlich-rechtlicher und privatrechtlicher Rundfunk, S. 37 ff.

[182] Vgl. BVerfGE 34, S. 9 (25).

nenderweise auch vom BVerfG im Einklang mit der ganz h. M. abgelehnt wird. Die bezüglich materiellrechtlicher Fehler hier zwischen Verwaltungsakten und Rechtsnormen allgemein anerkannte Unterscheidung in der Sanktionierung beansprucht auch gleichermaßen bei Verfahrensfehlern Geltung. GG wie BVerfGG beinhalten insoweit keine Anhaltspunkte für eine Differenzierung. Art. 93 Abs. 1 Nr. 2 GG indiziert vielmehr ausdrücklich die Gleichbehandlung materiellrechtlicher (sachlicher) und verfahrensrechtlicher (förmlicher) Fehler von Gesetzen. Auch die Rechtsprechung des BVerfG, nach welcher die Grundrechte einen Schutz vor Eingriffen der öffentlichen Gewalt gewähren, die formell oder materiell nicht mit der Verfassung in Einklang stehen[183], geht von einer solchen einheitlichen Behandlung von materiellrechtlichen und verfahrensrechtlichen Fehlern eines Gesetzes aus. Für sie spricht auch der Umstand, daß auch bei durch Verfahrensverstöße begangenen Grundrechtsverletzungen der Verletzte einen Anspruch auf Beseitigung der sich aus der Norm für ihn ergebenden rechtswidrigen Impulse besitzt[184].

b) Auch der dem § 46 VwVfG zugrundeliegende Rechtsgedanke bietet keine Anhaltspunkte für die Gültigkeit verfahrensfehlerhafter Gesetze

Die Unbeachtlichkeit von Verfahrensfehlern läßt sich schließlich auch nicht aus dem Umstand ableiten, daß verfahrensfehlerhafte Verwaltungsakte in den Fällen des § 46 VwVfG keiner gerichtlichen Aufhebung unterliegen. Sieht man einmal von den bisher angesprochenen Strukturunterschieden zwischen rechtswidrigen Verwaltungsakten und rechtswidrigen Normen ab, so vermag die Berufung auf § 46 VwVfG schon deshalb nicht weiterzuhelfen, weil die Ratio des § 46 VwVfG, derzufolge bestimmte Verfahrensfehler ohne Sanktion bleiben sollen, auf Rechtsnormen nicht übertragbar ist. Der Grund für die in § 46 VwVfG normierte Unbeachtlichkeit bestimmter Verfahrensfehler liegt nämlich darin, daß nach Ansicht des Gesetzgebers bei gesetzlich uneingeschränkt gebundenen Verwaltungsakten einem Verfahrensfehler für das Ergebnis des Verwaltungshandelns keine Relevanz zukommen kann, da die einzig richtige Entscheidung durch den Gesetzgeber in vollem Umfang vorgegeben ist. Bei verfassungswidrigen Gesetzen, die sich nicht in der Verfassungsvollziehung erschöpfen, sondern in einem weiten Umfang gestalterische Momente in sich bergen, fehlt es aber gerade an dieser Voraussetzung.

---

[183] Vgl. schon BVerfGE 6, S. 32 ff.

[184] Vgl. hierzu *Schenke*, Rechtsschutz bei normativem Unrecht, Berlin 1979, S. 147 ff. und *ders.*, in: Bonner Kommentar zum Grundgesetz (Zweitbearbeitung), Hamburg 1982, Art. 19 Abs. 4 GG, Rdnr. 302 f.

Bedenkt man, daß § 46 VwVfG nach seinem eindeutigen Wortlaut bei Ermessensentscheidungen der Verwaltung gerade keine Anwendung finden soll, so spricht im übrigen gerade diese Normierung dafür, Verfahrensfehlern bei Gesetzen erst recht Beachtlichkeit beizumessen, da der legislatorische Gestaltungsspielraum erheblich weiter reicht als der Ermessensspielraum der Verwaltung[185] und damit einen durch die größere Freiheit des Gesetzgebers gekennzeichneten qualitativen Unterschied begründet. Die Bedenken gegen eine von § 46 VwVfG her begründete Unbeachtlichkeit von Verfahrensfehlern im Gesetzgebungsverfahren potenzieren sich noch zusätzlich, weil im übrigen die Regelung des § 46 VwVfG mit dem hinter ihr stehenden gesetzespositivistischen Verständnis der Subsumtion als eines formallogischen Aktes erhebliche verfassungsrechtliche Zweifel erweckt[186], die einer Anwendung der Ratio dieser Regelung auf andere Fallgestaltungen entgegenstehen[187].

c) Die Begrenzung der Folgen bei Nichtigkeit
des Art. 27 2. HStruktG bzw. § 18 a WoBindG i. d. F. des 2. HStruktG

Die Nichtigkeit des verfassungswidrigen Art. 27 2. HStruktG läßt sich auch nicht unter Hinweis auf ihre Folgen in Frage stellen. Abgesehen davon, daß es ohnehin schon höchst fraglich erscheint, ob ausnahmsweise von der Annahme der Nichtigkeit eines Gesetzes wegen der hiermit implizierten Konsequenzen abgesehen werden kann[188], liegt

---

[185] Vgl. zu den hier bestehenden qualitativen Unterschieden *Fuß*, Gleichheitssatz und Richtermacht, JZ 1959, S. 330 f.; *Schenke*, in: Bonner Kommentar, Art. 19 Abs. 4, Rdnr. 363; *Scheuner*, Das Grundrecht der Berufsfreiheit, DVBl. 1958, S. 849; *Stern*, Ermessen und unzulässige Ermessensausübung, Berlin 1964, S. 11.

[186] Vgl. *Blümel*, Grundrechtsschutz durch Verfahrensgestaltung, in: Frühzeitige Bürgerbeteiligung bei Planungen. Vorträge und Diskussionsbeiträge der 49. Staatswissenschaftlichen Fortbildungstagung 1981 der Hochschule für Verwaltungswissenschaft Speyer, hrsg. von *Blümel*, Berlin 1982, S. 65 ff.; *Hufen*, Heilung und Unbeachtlichkeit grundrechtsrelevanter Verfahrensfehler?, NJW 1982, S. 2166 ff.; *Schenke*, Das Verwaltungsverfahren zwischen Verwaltungseffizienz und Rechtsschutzauftrag, VBlBW 1982, S. 325 f.; *Sellner*, Kontrolle immissionsschutzrechtlicher und atomrechtlicher Entscheidungen im Verwaltungsgerichtsprozeß, BauR 1980, S. 396; *Steinberg*, Komplexe Verwaltungsverfahren zwischen Verwaltungseffizienz und Rechtsschutzauftrag, DÖV 1982, S. 628 f.

[187] Auch aus der Regelung der §§ 155 a und b BBauG läßt sich angesichts der verfassungsrechtlichen Bedenklichkeit dieser Vorschriften (vgl. hierzu *Schenke*, VBlBW 1982, S. 326) kein Anhaltspunkt für eine Unbeachtlichkeit von Fehlern im Normsetzungsverfahren ableiten. Zudem fehlt es an einer Vergleichbarkeit von Bebauungsplänen und formellen Gesetzen sowie der in §§ 155 a und b BBauG für unerheblich erachteten Verfahrensfehler mit den hier gegebenen.

[188] Vgl. *Jörn Ipsen*, Rechtsfolgen der Verfassungswidrigkeit von Norm und Einzelakt, Baden-Baden 1980, passim; *Maurer*, Zur Verfassungswidrigerklärung von Gesetzen, in: Im Dienst an Recht und Staat. Festschrift für Werner

hier jedenfalls eine solche Situation nicht vor. Die Verfassungswidrigkeit des Vorgehens des Vermittlungsausschusses erstreckt sich nur auf
den unzulässigerweise in das 2. HStruktG eingefügten Art. 27. Die rest-
lichen Vorschriften des 2. HStruktG mit ihren z. T. einschneidenden
finanzpolitischen Regelungen werden hierdurch nicht berührt, da bezüglich dieser eine ordnungsgemäße Gesetzesberatung stattgefunden
hat. Daß die Einfügung des Art. 27 2. HStruktG möglicherweise für die
Mehrheit des Bundesrats mit einen Anlaß bot, dem 2. HStruktG zuzustimmen, steht der Annahme einer auf Art. 27 2. HStruktG beschränkten
Verfassungswidrigkeit und Nichtigkeit nicht im Wege. Es entspricht
nämlich einem allgemein anerkannten, durch das Prinzip der Rechtssicherheit geforderten Rechtsgrundsatz, daß bei Mitgliedern von Gesetzgebungsorganen feststellbare Mängel in der Willensbildung (wie
Irrtum und wohl auch Täuschung oder Drohung) grundsätzlich rechtlich irrelevant sind[189].

Dies muß insbesondere dann gelten, wenn es sich wie im vorliegenden
Fall um einen Motivirrtum handelt, der sogar bei zivilrechtlichen
Rechtsgeschäften irrelevant ist. Daß der Umstand, daß die Einfügung
des Art. 27 2. HStruktG möglicherweise ein wichtiges Motiv für den
Bundesrat darstellte, das gesamte 2. HStruktG zu akzeptieren, nach
dem Fehlschlag dieser Erwartungen nicht die Ungültigkeit anderer gesetzlicher Vorschriften des 2. HStruktG nach sich zieht, wird im übrigen schon daran deutlich, daß es grundsätzlich nicht zur Nichtigkeit
eines Gesetzes führt, wenn der Bundestag Teile eines mit Zustimmung
des Bundesrats erlassenen Gesetzes später — da sie isoliert gesehen
nicht zustimmungsbedürftig sind — ändert oder aufhebt und damit
möglicherweise einem gesetzgeberischen Kompromiß zwischen Bundestag und Bundesrat die Basis entzieht[190].

Da auch inhaltlich kein untrennbarer Zusammenhang zwischen Art. 27
2. HStruktG und den anderen Regelungen des 2. HStruktG besteht, es
sich vielmehr ganz im Gegenteil bei Art. 27 2. HStruktG um ein völlig
selbständiges und in sich geschlossenes Gesetz handelt, läßt sich auch

---

Weber zum 70. Geburtstag, Berlin 1974, S. 345 ff.; *v. Pestalozza*, „Noch verfassungsmäßige" und „bloß verfassungswidrige" Rechtslagen, in: Bundesverfassungsgericht und Grundgesetz. Festgabe aus Anlaß des 25jährigen Bestehens des Bundesverfassungsgerichts Bd. I, Tübingen 1976, S. 519 ff.; vgl. aus
der Rspr. BVerfGE 58, S. 257 (280 f.) mit weiteren Nachw.

[189] Vgl. BVerfGE 16, S. 80 (88).

[190] Zu den äußersten, sich hier aus dem Prinzip der Verfassungsorgantreue
stellenden Grenzen s. *Schenke*, Die Verfassungsorgantreue, S. 89 ff. Diese
Grenzen werden jedoch hier deshalb nicht überschritten, da es dem Bundestag bei der Zustimmung zu Art. 27 2. HStruktG ersichtlich nicht darum ging,
den Bundesrat zu überspielen, sondern hier eine gänzlich andere Fallkonstellation gegeben ist.

von daher die Verfassungswidrigkeit und Nichtigkeit auf Art. 27 2. HStruktG beschränken. Dabei kann es in diesem Zusammenhang dahingestellt bleiben, ob der dem § 44 Abs. 4 VwVfG zugrundeliegende Rechtsgedanke im Hinblick auf die nicht zu vergleichende Rechtsstellung von Legislative und Verwaltungsbehörde auf den Fall eines teilweise verfassungswidrigen Gesetzes überhaupt anwendbar ist[191], denn im vorliegenden Fall handelte es sich bei Art. 27 2. HStruktG nicht um den Teil eines Gesetzes, sondern um ein selbständiges Gesetz. Der Umstand, daß dieses äußerlich mit anderen Gesetzen in einem Artikelgesetz zusammengefaßt wurde, ändert an dieser Selbständigkeit nichts. Wäre man hier anderer Auffassung, so würden Zufälligkeiten des Gesetzgebungsverfahrens über den Umfang der Verfassungswidrigkeit und Nichtigkeit gesetzlicher Regelungen entscheiden, was schwerlich zu befriedigen vermöchte. Aus entsprechenden Gründen wird denn auch bei Verwaltungsakten davon ausgegangen, daß, wenn mehrere Verwaltungsakte, zwischen denen kein zwingender innerer Zusammenhang besteht, nur äußerlich in einem Verwaltungsakt zusammengefaßt sind, die Nichtigkeit des einen Verwaltungsakts nie die Nichtigkeit des anderen hiermit verbundenen Verwaltungsakts nach sich zieht[192].

Bedenkt man, daß das BVerfG sich grundsätzlich bemüht, den Willen des Gesetzgebers, soweit dies nur möglich ist, zu respektieren[193] und deshalb bei der teilweisen Fehlerhaftigkeit eines Gesetzes in der Regel nur von dessen Teilnichtigkeit ausgeht[194], so indiziert dies zusätzlich die Unbeachtlichkeit einer Verfassungswidrigkeit bzw. Nichtigkeit des Art. 27 2. HStruktG für andere im 2. HStruktG getroffene Regelungen

---

[191] Das BVerfG fordert für die Annahme einer aus der teilweisen Verfassungswidrigkeit eines Gesetzes resultierenden Gesamtnichtigkeit eines Gesetzes strengere Voraussetzungen, als sie in § 44 Abs. 4 VwVfG hinsichtlich Verwaltungsakten normiert sind, vgl. z. B. BVerfGE 8, S. 274 (301): „Aus der Nichtigkeit einzelner Vorschriften folgt vielmehr die Nichtigkeit des ganzen Gesetzes nur dann, wenn sich aus dem objektiven Sinn des Gesetzes ergibt, daß die übrigen mit der Verfassung zu vereinbarenden Bestimmungen keine selbständige Bedeutung haben (BVerfGE 2, S. 380 [406 letzter Absatz]; 5, S. 25 [34]; 8, 71 [79]; vgl. BVerfGE 6, S. 273 [281]); ferner dann, wenn die verfassungswidrige Vorschrift Teil einer Gesamtregelung ist, die ihren Sinn und ihre Rechtfertigung verlöre, nähme man einen ihrer Bestandteile heraus (BVerfGE 1, S. 264 [272]), wenn also die nichtige Vorschrift mit den übrigen Bestimmungen so verflochten ist, daß sie eine untrennbare Einheit bilden, die nicht in ihre einzelnen Bestandteile zerlegt werden kann (BayVfGH n. F. 3, S. 28 [50])"; ebenso z. B. BVerfGE 14, S. 56 (72); 22, S. 134 (152).

[192] Vgl. für viele *Kopp*, Verwaltungsverfahrensgesetz, 3. Aufl., München 1983, § 44, Rdnr. 65 mit weiteren Nachw.

[193] Der gleiche Gedanke liegt übrigens auch dem Prinzip der verfassungskonformen Auslegung zugrunde, vgl. hierzu *Schenke*, NJW 1979, S. 1321 (1325).

[194] Vgl. BVerfGE 8, S. 274 (301): „Die Nichtigkeit einzelner Vorschriften hat grundsätzlich nicht die Nichtigkeit auch der übrigen Bestimmungen des Gesetzes zur Folge".

und belegt damit die begrenzte Reichweite der sich bei Bejahung der Nichtigkeit des Art. 27 2. HStruktG ergebenden Folgen.

Da es sich bei dem zum 2. HStruktG führenden Gesetzgebungsverfahren um ein Procedere handelte, das in der bisherigen Gesetzgebungspraxis keine Parallele findet[195], kommt der Nichtigkeit auch keine faktisch präjudizierende Wirkung für andere Gesetze zu, wie es bei dem der Entscheidung BVerfGE 34, S. 9 (25) zugrundeliegenden Gesetz zu befürchten war.

Im übrigen würde, selbst wenn man mit BVerfGE 34, S. 9 (25) nur bei evidenten Fehlern des Gesetzgebungsverfahrens von einer Nichtigkeit des Art. 27 2. HStruktG auszugehen hätte, hier dennoch die Annahme der Nichtigkeit unumgänglich sein, da in concreto die Umstände, die die Verfassungswidrigkeit des Art. 27 2. HStruktG begründen, von Anfang an evident waren[196]. Dies zeigt sich auch an der heftigen Kritik, die das Gesetzgebungsverfahren schon bei der abschließenden Behandlung des 2. HStruktG im Plenum[197] wie auch in der Publizistik[198] unter verfassungsrechtlichen Gesichtspunkten auslöste.

---

[195] So der FDP-Abgeordnete *Kleinert*, BT-StenBer. 9/73, S. 4268: „Der Vorgang ist insofern besonders und, soweit ich sehen kann, einmalig, als eine verhältnismäßig umfangreiche und in sich geschlossene gesetzliche Regelung im Vermittlungsverfahren eingefügt worden ist . . .“.

[196] So auch *Bismark*, DÖV 1983, S. 274.

[197] Vgl. *Conradi*, BT-StenBer. 9/73, S. 4269: „Ich hoffe also, daß ein Bürger, der von diesem Gesetz belastet wird, und das sind viele, den Weg nach Karlsruhe wählt und beim Bundesverfassungsgericht feststellen läßt, ob dieses Gesetz hier verfassungsmäßig zustande gekommen ist“.

[198] Vgl. die Nachweise oben unter A.

C. Zusammenfassung

I.

Art. 77 Abs. 2 GG begrenzt die Vermittlungskompetenz des Vermittlungsausschusses grundsätzlich auf das Thema des vom Bundestag in 3. Lesung verabschiedeten Gesetzesbeschlusses

1. Die Begrenzung der Vermittlungskompetenz auf das Thema des Gesetzesbeschlusses wird bereits durch die grammatikalische Auslegung des Art. 77 Abs. 2 GG indiziert. Für sie spricht:

   a) Art. 77 Abs. 2 S. 1 GG, der von einem „für die gemeinsame Beratung von Vorlagen" gebildeten Ausschuß spricht,

   b) Art. 77 Abs. 2 S. 5 GG, der nur eine Änderung, nicht aber eine Ersetzung oder Erweiterung des Gesetzesbeschlusses erwähnt,

   c) Art. 77 Abs. 2 S. 5 GG, nach dem bei einer Änderung des Gesetzesbeschlusses „der Bundestag erneut Beschluß zu fassen" hat.

2. Die grundsätzliche Begrenzung der Vermittlungskompetenz des Vermittlungsausschusses durch das Thema des Gesetzesbeschlusses des Bundestags wird durch eine systematisch-teleologische Auslegung des Art. 77 Abs. 2 GG erhärtet.

   a) Dem Vermittlungsausschuß kommt — wie auch der Zusammenhang mit Art. 77 Abs. 1 GG zeigt — nur die Funktion eines Ausgleichs von Meinungsverschiedenheiten zwischen Bundestag und Bundesrat zu. Da die Einschaltung des Vermittlungsausschusses Ausnahmecharakter hat, ist dessen Kompetenz eng zu interpretieren.

   b) Auch die Vorschriften der GeschOVermA (insbesondere die §§ 10, 6 GeschOVermA), in denen die politische Praxis ihren Ausdruck gefunden hat, legen eine grundsätzlich durch den Gesetzesbeschluß des Bundestags begrenzte Vermittlungstätigkeit des Vermittlungsausschusses nahe.

   c) Überschritte der Vermittlungsausschuß das ihm durch den Gesetzesbeschluß des Bundestags vorgegebene Thema, so stellte dies eine unzulässige Ausübung eines Gesetzesinitiativrechts des Vermittlungsausschusses dar, die mit der abschließenden Aufzählung der Gesetzesinitianten in Art. 76 Abs. 1 GG unvereinbar wäre. Eine solche Gesetzesinitiative ist auch dann unzulässig, wenn sie sich inhaltlich weitgehend mit den von anderen Organen gemäß Art. 76 Abs. 1 GG eingebrachten Gesetzesvorlagen deckt.

d) Die Problematik einer durch den Vermittlungsausschuß faktisch ausgeübten Gesetzesinitiative wird besonders daran deutlich, daß diese — anders als die in Art. 76 Abs. 1 GG angesprochenen Gesetzesinitiativen — zu einer Verkürzung des Gesetzgebungsverfahrens führen müßte. Würde man dies für zulässig erachten, so setzte man sich in Widerspruch zu der Regelung des Art. 77 Abs. 2 S. 1 GG, dergemäß der Vermittlungsausschuß erst dann angerufen werden kann, wenn eine Gesetzesinitiative durch Bundestag und Bundesrat abschließend beraten wurde.

e) Eine Ausdehnung der Vermittlungskompetenz des Vermittlungsausschusses über das Thema des Gesetzesbeschlusses des Bundestags hinaus ist auch im Lichte des Demokratieprinzips gesehen unhaltbar. Zwar fordert das Demokratieprinzip keine mehrfache Lesung, wie sie in der GeschOBT vorgesehen ist; unumgänglich ist aber — wie das BVerfG zu Recht betont hat — eine Gesetzesberatung, bei welcher die Mitwirkung der einzelnen Abgeordneten gesichert sein muß. Die Beschlußfassung über den Vermittlungsvorschlag des Vermittlungsausschusses gemäß § 10 GeschOVermA genügt (isoliert gesehen) diesen demokratischen Mindesterfordernissen nicht, da sie nur Erklärungen, nicht aber eine parlamentarische Debatte über den Vermittlungsvorschlag zuläßt, zudem andere Sachanträge vor der Abstimmung über den Vermittlungsvorschlag nicht gestellt werden dürfen. Auch der Umstand, daß ein vom Vermittlungsausschuß in seine Gesetzesempfehlungen eingefügter Entwurf bereits in einem anderen Gesetzgebungsverfahren in 1. Lesung beraten wurde, reicht angesichts der beschränkten Mitwirkungsrechte der Abgeordneten in der 1. Lesung nicht aus, um demokratische Defizite zu beseitigen.

f) Eine Ausdehnung der Vermittlungskompetenz des Vermittlungsausschusses über das Thema des Gesetzesbeschlusses des Bundestags hinaus hätte eine Umgestaltung des grundgesetzlich vorgeschriebenen Organisationsgefüges zur Folge. Die sich daraus ergebenden Konsequenzen wären im einzelnen:

aa) Sie führte zu einer wesentlichen Schwächung des Bundestags durch die Tätigkeit des Vermittlungsausschusses, dem hierdurch die Stellung einer „dritten Kammer" im Gesetzgebungsverfahren zugewiesen würde.

bb) Sie bewirkte eine Verschiebung der Machtverhältnisse zwischen Bundestag und Bundesrat, der damit in die — ihm nach dem BVerfG nicht zustehende — Rolle einer zweiten Gesetzgebungskörperschaft gedrängt würde. Die Gesetzesberatungen im Bundestag drohten entwertet zu werden, während gleichzeitig dem Bundesrat die Möglichkeit eröffnet würde, in weit stärkerem Maß als bisher positiv gestaltend auf den Gesetzesinhalt einzuwirken. Zudem böte sich für den Bundesrat eine Handhabe, den Kreis der zustimmungsbedürftigen Normen weiter auszudehnen.

cc) Parallel mit der Ausweitung der Vermittlungstätigkeit des Vermittlungsausschusses ergäbe sich eine Verstärkung der Einflußmöglichkeit der Exekutive auf den Gesetzesinhalt bei gleichzeitigem Zurückdrängen der für das parlamentarische Regierungsprinzip essentiellen Kontrolle des exekutiven Handelns durch die Parlamente.

g) Die Ausdehnung der Vermittlungskompetenz über das durch den Gesetzesbeschluß des Bundestags vorgegebene Thema hinaus erschiene auch unter dem Aspekt des die Auslegung des Art. 77 Abs. 2 GG dirigierenden Rechtsprinzips der Verfassungsorgantreue höchst bedenklich. Das Rechtsprinzip der Verfassungsorgantreue, das die staatlichen Organe zu einem rücksichtsvollen, die Kompetenzen anderer Organe respektierenden Verhalten verpflichtet, bindet auch den Vermittlungsausschuß. Es zwingt diesen dazu, seine Kompetenzen so auszuüben, daß hierdurch nicht die Kompetenzen anderer staatlicher Organe faktisch ausgehöhlt werden. Das wäre aber dann der Fall, wenn der Vermittlungsausschuß seine Tätigkeit über das ihm durch den Gesetzesbeschluß vorgegebene Thema hinaus erweiterte und damit insbesondere die gesetzgeberischen Gestaltungsmöglichkeiten des Bundestags als unmittelbar demokratisch legitimiertem Staatsorgan zurückdrängte.

3. Die historische Auslegung — der ohnehin im Verhältnis zur grammatikalischen, systematischen und teleologischen Auslegung nur ein geringer Stellenwert zukommt — spricht nicht gegen die durch die grammatikalische sowie systematisch-teleologische Interpretation indizierte Beschränkung der Vermittlungskompetenz des Vermittlungsausschusses. Die Verhandlungen des Parlamentarischen Rats liefern keine ausdrücklichen Hinweise auf den Umfang der Vermittlungstätigkeit. Da sich der Parlamentarische Rat bei der Institutionalisierung des Vermittlungsausschusses jedoch offenbar am Beispiel der Conference Committees der USA orientierte, deren Ver-

mittlungsauftrag aber sachlich eng begrenzt ist, spricht dies eher für als gegen eine Restriktion der Vermittlungskompetenz des Vermittlungsausschusses.

II.

Bei der Einfügung des „Gesetz(es) zum Abbau der Fehlsubventionierung und der Mietverzerrung im Wohnungswesen" und damit auch des § 18 a WoBindG in der Fassung des 2. HStruktG in den Vermittlungsvorschlag des Vermittlungsausschusses hat der Vermittlungsausschuß die ihm durch Art. 77 Abs. 2 GG für seine Vermittlungstätigkeit gesetzten verfassungsrechtlichen Grenzen nicht eingehalten. Auch wenn man es — zur Effektuierung des Vermittlungsauftrags — für zulässig ansieht, daß auch in unmittelbarem Sachzusammenhang mit dem Gesetzesbeschluß des Bundestags stehende Regelungen in die Vermittlungsempfehlungen des Vermittlungsausschusses aufgenommen werden, ist diese Grenze in concreto überschritten

1. Unhaltbar und in sich widersprüchlich ist die insbesondere von Hasselweiler vertretene Auffassung, nach welcher der Vermittlungsausschuß im wesentlichen nach seinem politischen, grundsätzlich nicht justiziablen Ermessen darüber zu befinden haben soll, ob zwischen seinem Vermittlungsvorschlag und dem Gesetzesbeschluß des Bundestags ein Sachzusammenhang besteht. Damit würde dem Vermittlungsausschuß eine Kompetenzkompetenz zugesprochen, die ihn weitgehend von den Bindungen durch Art. 77 Abs. 2 GG befreite, womit man sich all jenen verfassungsrechtlichen Einwänden aussetzte, die unter I gegen eine unbeschränkte Vermittlungskompetenz des Vermittlungsausschusses dargelegt wurden.

2. Da die Einfügung des „Gesetz(es) zum Abbau der Fehlsubventionierung und der Mietverzerrung im Wohnungswesen" sicher nicht die unabweisbare Folge anderer durch den Vermittlungsausschuß zulässigerweise vorgesehener Änderungen des vom Bundestag verabschiedeten Entwurfs des 2. HStruktG war, läßt sich auch auf diese Weise die Vermittlungskompetenz des Vermittlungsausschusses nicht begründen.

3. Zur Begründung eines Sachzusammenhangs mit dem nach der 3. Lesung gefaßten Gesetzesbeschluß des Bundestags reicht es auch nicht aus, daß das „Gesetz zum Abbau der Fehlsubventionierung und der Mietverzerrung im Wohnungswesen" der gleichen Materie innerhalb des Kompetenzkatalogs der Art. 73 ff. GG zugehört wie andere Regelungen, die in dem durch den Bundestag zunächst verabschiedeten Entwurf des 2. HStruktG bereits enthalten waren.

4. Ein Sachzusammenhang läßt sich auch nicht allein aus einer gemeinsamen Zielsetzung des vom Vermittlungsausschuß vorgeschlagenen „Gesetz(es) zum Abbau der Fehlsubventionierung und der Mietverzerrung im Wohnungswesen" und dem durch den Bundestag verabschiedeten Entwurf des 2. HStruktG herstellen. Der durch eine gemeinsame finanzpolitische und wohnungsbaupolitische Zielsetzung kreierte Zusammenhang ist viel zu abstrakt, um hieraus unter Berücksichtigung der oben unter I entwickelten Kriterien einen ausreichenden Sachzusammenhang zur Begründung der Vermittlungskompetenz des Vermittlungsausschusses zu legitimieren. Auch bei Anerkennung eines Beurteilungsspielraums des Vermittlungsausschusses bei der Entscheidung über das Vorliegen eines Sachzusammenhangs zwischen seinem Vermittlungsvorschlag und dem Gesetzesbeschluß des Bundestags steht der Bejahung eines Sachzusammenhangs hier entgegen, daß die in dem durch den Bundestag beschlossenen Entwurf eines 2. HStruktG angesprochenen Maßnahmen zur Haushaltssanierung und zur Förderung des Wohnungsbaus von gänzlich anderer Art sind als jene, die in dem Entwurf eines „Gesetz(es) zum Abbau der Fehlsubventionierung und der Mietverzerrung im Wohnungswesen" vorgesehen sind und damit völlig andere politische und verfassungsrechtliche Implikationen mit sich bringen. Daß kein inhaltlicher Sachzusammenhang besteht, wird auch dadurch deutlich, daß der vom Vermittlungsausschuß vorgeschlagene Entwurf eines „Gesetz(es) zum Abbau der Fehlsubventionierung und der Mietverzerrung im Wohnungswesen" ein umfangreiches und in sich geschlossenes gesetzgeberisches Regelwerk enthält, das zudem auch von Bundestag und Bundesrat vor der Tätigkeit des Vermittlungsausschusses als ein eigenständiges Gesetzgebungswerk im Verhältnis zum 2. HStruktG angesehen wurde.

5. Der Sachzusammenhang läßt sich auch nicht durch die im 1. oder 2. Durchgang vom Bundesrat abgegebenen Stellungnahmen zum Entwurf des 2. HStruktG konstruieren. Die Stellungnahmen des Bundesrats im 2. Durchgang können die durch den Gesetzesbeschluß des Bundestags markierte Verhandlungsmasse von vornherein nicht erweitern, da es sonst dem Bundesrat nach abschließender Beratung der Gesetzesentwürfe im Bundestag möglich wäre, einseitig den Gegenstand des Vermittlungsverfahrens zu manipulieren. Im Ergebnis das gleiche gilt auch für die Stellungnahmen des Bundesrats im 1. Durchgang. Ließe sich hierdurch das Gesetzesthema und damit auch der für den Vermittlungsausschuß geltende Vermittlungsrahmen erweitern, so bedeutete dies der Sache nach die Anerkennung eines weiteren neben das Gesetzesinitiativrecht des Art. 76 Abs. 1

GG tretenden faktischen Gesetzesinitiativrechts des Bundesrats. Eine solche im Gewand einer Stellungnahme des Bundesrats nach Art. 76 Abs. 2 GG ausgeübte Gesetzesinitiative liefe auf eine Umgehung des Art. 76 Abs. 3 GG hinaus.

6. Selbst wenn man es im übrigen für zulässig ansähe, daß der Bundesrat durch seine Stellungnahmen im 1. Durchgang den Umfang der Vermittlungstätigkeit des Vermittlungsausschusses erweitert, könnte im vorliegenden Fall auf diese Weise eine Einbeziehung des „Gesetz(es) zum Abbau der Fehlsubventionierung und der Mietverzerrung im Wohnungswesen" in den Vermittlungsvorschlag nicht begründet werden, da die Stellungnahme des Bundesrats für die Bundestagsabgeordneten in concreto keinen Anlaß bot, sich im Rahmen der parlamentarischen Beratung des 2. HStruktG mit dem in der ersten Stellungnahme nur beiläufig erwähnten „Gesetz zur Belebung des sozialen Wohnungsbaus und zum Abbau nicht mehr gerechtfertigter Subventionen" (WoBauÄndG 1981), einem Bestandteil des späteren Entwurfs des „Gesetz(es) zum Abbau der Fehlsubventionierung und der Mietverzerrung im Wohnungswesen", zu beschäftigen. Dies gilt um so mehr, als die in der ersten Stellungnahme des Bundesrats nicht spezifizierten gesetzgeberischen Vorstellungen des Bundesrats durch diesen schon vorher zum Gegenstand einer eigenen Gesetzesinitiative gemacht worden waren.

III.

Aus der Verfassungwidrigkeit der Ausdehnung der Vermittlungskompetenz des Vermittlungsausschusses durch Einbeziehung des „Gesetz(es) zum Abbau der Fehlsubventionierung und der Mietverzerrung im Wohnungswesen" ergibt sich auch die Verfassungswidrigkeit des Art. 27 2. HStruktG.

1. Bei einem zeitlich gestreckten bzw. mehrstufigen Verfahren begründet ein verfassungswidriger Teilakt des Verfahrens grundsätzlich auch die Verfassungswidrigkeit der nachfolgenden Verfahrensakte und insbesondere des Schlußakts des Verfahrens. Für das Gesetzgebungsverfahren macht dies speziell Art. 82 Abs. 1 GG deutlich.

2. Die Verfassungswidrigkeit des Verhaltens des Vermittlungsausschusses wurde insbesondere nicht dadurch geheilt, daß der Bundestag die Gesetzesempfehlungen des Vermittlungsausschusses billigte. Der Bundestag kann über die Einhaltung der verfassungsgesetzlichen Kompetenzregelungen der Art. 76 f. GG, zumal durch diese das Demokratieprinzip konkretisiert wird, nicht disponieren bzw.

auf sie verzichten. Dies gilt um so mehr, als diese Vorschriften neben dem Schutz des demokratischen Souveräns auch dem Schutz parlamentarischer Minderheiten dienen und im vorliegenden Fall bei der Abstimmung über die Gesetzesempfehlung durch einen Bundestagsabgeordneten die Verfassungswidrigkeit des Vorgehens des Vermittlungsausschusses und des Bundestags ausdrücklich gerügt wurde.

3. Selbst wenn man dennoch einen Verzicht auf die Einhaltung der Verfahrensvorschrift des Art. 77 Abs. 2 GG mit der darin festgelegten Begrenzung der Vermittlungskompetenz des Vermittlungsausschusses für zulässig ansähe, müßte ein solcher Verzicht, sollte er wirksam sein, jedenfalls freiwillig erfolgen. Angesichts der Bedeutung des 2. HStruktG, dem Zeitdruck, unter dem der Bundestag stand, und der dem Bundestag durch den Vermittlungsausschuß vorgeschriebenen gemeinsamen Abstimmung über seinen Vermittlungsvorschlag fehlte es hier auf jeden Fall an einer solchen Freiheit des Bundestags, wie sie für die Rechtswirksamkeit eines Verzichtes erforderlich wäre.

IV.

Die Verfassungswidrigkeit des Art. 27 2. HStruktG und des darin enthaltenen § 18 a WoBindG in der Fassung des 2. HStruktG führt auch zur Nichtigkeit dieser Regelungen.

1. Die in BVerfGE 34, S. 9 (25) vertretene Auffassung, nach welcher Fehler im Gesetzgebungsverfahren nur bei ihrer Evidenz zur Nichtigkeit des Gesetzes führen, ist nur aus den Besonderheiten des dieser Entscheidung zugrundeliegenden Sachverhalts zu verstehen. Sie ist nicht verallgemeinerungsfähig und der Sache nach vom BVerfG auch in späteren Entscheidungen aufgegeben worden. Bei der Entscheidung BVerfGE 31, S. 47 (53) wird ohnehin nur in einem obiter dictum davon ausgegangen, daß verfahrensfehlerhafte Gesetze nur bei evidenten Verfahrensfehlern nichtig sind.

2. Eine Beschränkung der Nichtigkeit verfahrensfehlerhafter Gesetze auf jene Fälle, bei denen der Verfahrensfehler evident ist, beruht auf einer unzulässigen Gleichsetzung der Fehlerfolgen rechtswidriger Verwaltungsakte und rechtswidriger Normen. Sie verkennt damit die hier insbesondere bezüglich des Sanktionssystems bestehenden grundlegenden Strukturunterschiede zwischen Verwaltungsakten und Normen und verstößt damit gegen das Prinzip der Verfassungsmäßigkeit der Gesetzgebung. Sie trägt auch, sofern das verfahrensfehlerhafte Gesetz in die Grundrechtssphäre des Bürgers

eingreift, dem verfassungsrechtlich garantierten Anspruch auf Beseitigung der sich aus der grundrechtswidrigen Norm ergebenden Beeinträchtigungen nicht Rechnung.

3. Die Nichtigkeit des Art. 27 2. HStruktG und damit auch des § 18 a WoBindG in der Fassung des 2. HStruktG läßt sich auch nicht im Hinblick auf die hieraus resultierenden Folgewirkungen begründen. Die Verfassungswidrigkeit des Art. 27 2. HStruktG berührt die Verfassungsmäßigkeit und Gültigkeit anderer Artikel des 2. HStruktG nicht. Sie hat im übrigen — angesichts der Einmaligkeit des dem Art. 27 2. HStruktG zugrundeliegenden Fehlers im Gesetzgebungsverfahren — auch keine Folgewirkungen für die Gültigkeit anderer Gesetze.

4. Selbst wenn man nur bei evidenten Verfahrensfehlern im Gesetzgebungsverfahren die Nichtigkeit von Gesetzen befürworten würde, müßte dennoch Art. 27 2. HStruktG und damit auch § 18 a WoBindG in der Fassung des 2. HStruktG als nichtig angesehen werden, da hier die Fehler im Gesetzgebungsverfahren evident waren und durch sie materiale Grundprinzipien der Demokratie beeinträchtigt wurden.

Literaturverzeichnis

Achterberg, Die parlamentarische Verhandlung, Berlin 1979

Bellinger, in: Fischer-Dieskau / Pergande / Schwender, Wohnungsbaurecht, Kommentar, Essen, Stand: 1982, Bd. 3.1, WoBindG

Bismarck, Grenzen des Vermittlungsausschusses, DÖV 1983, S. 269 ff.

Blümel, Grundrechtsschutz durch Verfahrensgestaltung, in: Frühzeitige Bürgerbeteiligung bei Planungen. Vorträge und Diskussionsbeiträge der 49. Staatswissenschaftlichen Fortbildungstagung 1981 der Hochschule für Verwaltungswissenschaft Speyer, hrsg. von Blümel, Berlin 1982, S. 23 ff.

Bryde, in: v. Münch, Grundgesetz-Kommentar, Bd. 2 u. 3, 2. Aufl, München 1983

Däubler-Gmelin, Vermittlungsausschuß — ein beschämendes Ärgernis in Bonn. So wird der Bundestag um seine Rechte gebracht, in: Die Zeit v. 23. 4. 1982, S. 13

Dehm, in: Burhenne, Recht und Organisation der Parlamente, Bd. 1, Bielefeld, Stand: 75. Lfg.

— Der Vermittlungsausschuß, in: Der Bundesrat 1949 - 1969, Bonn 1969, S. 15

Dietlein, Zulässigkeitsfragen bei der Anrufung des Vermittlungsausschusses, AöR Bd. 106 (1981), S. 525 ff.

— Der Dispositionsrahmen des Vermittlungsausschusses, NJW 1983, S. 80 ff.

Dreher, Verschwörung gegen das Parlament, in: Süddeutsche Zeitung v. 4. 5. 1982, S. 4

Dyong, in: Fischer-Dieskau / Pergande / Schwender, Wohnungsbaurecht, Kommentar, Essen, Stand: 1982, Bd. 3.2, AFWOG

Franßen, Der Vermittlungsausschuß — politischer Schlichter zwischen Bundestag und Bundesrat? Bemerkungen zur Stellung des Vermittlungsausschusses im Gesetzgebungsverfahren, in: Die Freiheit des Anderen, Festschrift für Martin Hirsch, Baden-Baden 1981, S. 273 ff.

Fuß, Gleichheitssatz und Richtermacht, JZ 1959, S. 329 ff.

Goessl, Organstreitigkeiten innerhalb des Bundes, Berlin 1961

Hamann / Lenz, Das Grundgesetz für die Bundesrepublik Deutschland vom 23. 5. 1949, 3. Aufl., Neuwied und Berlin 1970

Hasselsweiler, Der Vermittlungsausschuß. Verfassungsgrundlage und Staatspraxis, Berlin 1981

von der Heide, Der Vermittlungsausschuß. Praxis und Bewährung, DÖV 1953, S. 129 ff.

Henseler, Möglichkeiten und Grenzen des Vermittlungsausschusses. Eine Untersuchung am Beispiel des 2. Haushaltsstrukturgesetzes, NJW 1982, S. 849 ff.

Herles, Vom Vermittlungs- zum Überausschuß, in: Frankfurter Allgemeine Zeitung v. 21. 12. 1981, S. 12

Herzog / Pietzner, Möglichkeiten und Grenzen einer Beteiligung des Parlaments an der Ziel-Ressourcenplanung, Gutachten (unveröff.), 1971

Hesse, Der unitarische Bundesstaat, Karlsruhe 1962

— Grundzüge des Verfassungsrechts der Bundesrepublik Deutschland, 14. Aufl., Heidelberg 1984

Hufen, Heilung und Unbeachtlichkeit grundrechtsrelevanter Verfahrensfehler?, NJW 1982, S. 2160 ff.

Ipsen, Jörn, Rechtsfolgen der Verfassungswidrigkeit von Norm und Einzelakt, Baden-Baden 1980

Jahn, Fehlentwicklungen im Verhältnis von Bundesrat und Bundestag?, ZParl. 1976, S. 291 ff.

Jekewitz, Ein ritualisierter historischer Irrtum, Der Staat 1976, S. 357 ff.

— Der Vermittlungsausschuß. Verfassungsauftrag und Verfassungswidrigkeit, RuP 1982, S. 70 ff.

Kirn, Die Umgehung des Bundesrates bei ganz besonders eilbedürftigen Regierungsvorlagen, ZRP 1974, S. 1 ff.

Kloepfer, Verfassung und Zeit. Zum überhasteten Gesetzgebungsverfahren, Der Staat 1974, S. 457 ff.

Kohlenbach, Die Zinserhöhungsermächtigung des 2. Haushaltsstrukturgesetzes — eine verfassungsrechtliche Betrachtung, BBauBl. 1983, S. 13 ff.

Konrad, Parlamentarische Autonomie und Verfassungsbindung im Gesetzgebungsverfahren, DÖV 1971, S. 80 ff.

Kopp, Verwaltungsverfahrensgesetz, 3. Aufl., München 1983

Kutscher, Verfassungsrechtliche Fragen aus der Praxis des Bundesrates, DÖV 1952, S. 710 ff.

Leisner, Von der Verfassungsmäßigkeit der Gesetze zur Gesetzmäßigkeit der Verfassung, Tübingen 1964

v. Mangoldt / Klein, Das Bonner Grundgesetz, Kommentar Bd. II, 2. Aufl., Berlin und Frankfurt a. M. 1966

Maunz / Dürig / Herzog / Scholz / Lerche / Papier / Randelzhofer / Schmidt-Assmann, Grundgesetz, Kommentar, 6. Aufl., München, Stand: 1983 (abgek. Maunz / Dürig / Herzog / Scholz)

Maunz / Schmidt-Bleibtreu / Klein / Ulsamer,   Bundesverfassungsgerichtsgesetz, Kommentar, München Stand 1979

Maurer, Zur Verfassungswidrigerklärung von Gesetzen, in: Im Dienst an Recht und Staat. Festschrift für Werner Weber zum 70. Geburtstag, Berlin 1974, S. 345 ff.

Neunreither, Der Bundesrat zwischen Politik und Verwaltung, Heidelberg 1959

Niemann, Die bundesstaatliche Bedeutung des Bundesrates unter besonderer Berücksichtigung der Funktion des Vermittlungsausschusses, Diss. Göttingen 1978

Opfermann, Einigung durch Vermittlung, ZRP 1976, S. 206 ff.

Ossenbühl, Welche normativen Anforderungen stellt der Verfassungsgrundsatz des demokratischen Rechtsstaates an die planende staatliche Tätigkeit, dargestellt am Beispiel der Entwicklungsplanung?, Gutachten B zum 50. Deutschen Juristentag, in: Verhandlungen des fünfzigsten Deutschen Juristentages, Bd. I (Gutachten), hrsg. von der Ständigen Deputation des Deutschen Juristentages, München 1974

Papier, Der verfahrensfehlerhafte Staatsakt, Tübingen 1973

v. Pestalozza, Kritische Bemerkung zu Methoden und Prinzipien der Grundrechtsauslegung in der Bundesrepublik Deutschland, Der Staat 1963, S. 425 ff.

— „Noch verfassungsmäßige" und „bloß verfassungswidrige" Rechtslagen, in: Bundesverfassungsgericht und Grundgesetz. Festgabe aus Anlaß des 25jährigen Bestehens des Bundesverfassungsgerichts, Bd. I, Tübingen 1976, S. 519 ff.

Quaas, Zur Verfassungsmäßigkeit der Verzinsung von öffentlichen Baudarlehen gemäß den Änderungen durch das 2. HStruktG, WM 1982, S. 283 ff.

Quaritsch, Das parlamentslose Parlamentsgesetz, 2. Aufl., Frankfurt/M. 1961

Reinert, Vermittlungsausschuß und Conference Committees, Heidelberg 1966

Ritzel / Bücker, Handbuch für die parlamentarische Praxis, Frankfurt/M. 1982

Schäfer, Hans, Der Bundesrat, Köln/Berlin 1955

— Der Bundestag, 4. Aufl., Opladen 1982

Schenke, Die Verfassungsorgantreue, Berlin 1977

— Verfassung und Zeit — Von der „entzeiteten" zur zeitgeprägten Verfassung, AöR Bd. 103 (1978), S. 566 ff.

— Rechtsschutz bei normativem Unrecht, Berlin 1979

— Der Umfang der bundesverfassungsgerichtlichen Überprüfung, NJW 1979, S. 1321 ff.

— in: Bonner Kommentar zum Grundgesetz (Zweitbearbeitung), Hamburg 1982, Art. 19 Abs. 4 GG

— Das Verwaltungsverfahren zwischen Verwaltungseffizienz und Rechtsschutzauftrag, VBlBW 1982, S. 313 ff.

— Rechtsschutz gegen Nebenbestimmungen, JuS 1983, S. 182 ff.

— in: Auflösung und Neuwahl des Bundestages 1983 vor dem Bundesverfassungsgericht, Dokumentation des Verfahrens, hrsg. von Heyde / Wöhrmann, Heidelberg 1984, S. 51 ff.

Scheuner, Das Grundrecht der Berufsfreiheit, DVBl. 1958, S. 845 ff.

— Zur Entwicklung des parlamentarischen Verfahrens im Deutschen Bundestag, in: Demokratisches System und politische Praxis der Bundesrepublik, hrsg. von Lehmbruch / v. Beyme / Fetscher, München 1971, S. 143 ff.

Schindler, Statistik über die Tätigkeit des Vermittlungsausschusses 1. bis 8. Wahlperiode, ZParl. 1982, S. 481

Schleifenbaum / Kamphausen, Rechtswidrigkeit der Verzinsung öffentlicher Baudarlehen?, DWW 1983, Heft 4, S. 2 ff.

Schmidt-Bleibtreu / Klein, Kommentar zum Grundgesetz für die Bundesrepublik Deutschland, 6. Aufl., Neuwied und Darmstadt 1983

Schneider, Hans, Der Niedergang des Gesetzgebungsverfahrens, in: Festschrift für Gebhard Müller, Tübingen 1970, S. 421 ff.

Schneider, Hans-Peter, Die parlamentarische Opposition im Verfassungsrecht der Bundesrepublik Deutschland, Bd. 1, Frankfurt/M. 1974

Scholz, Rupert, Parlamentarischer Untersuchungsausschuß und Steuergeheimnis, AöR Bd. 105 (1980), S. 564 ff.

Schulze-Fielitz, Gesetzgebung als materiales Verfassungsverfahren, NVwZ 1983, S. 709 ff.

Sellner, Kontrolle immissionsschutzrechtlicher und atomrechtlicher Entscheidungen im Verwaltungsgerichtsprozeß, BauR 1980, S. 391

Spanner, Rezension von Maunz / Schmidt-Bleibtreu / Klein / Ulsamer, Bundesverfassungsgerichtsgesetz, Kommentar, BayVBl. 1977, S. 287

Steinberg, Komplexe Verwaltungsverfahren zwischen Verwaltungseffizienz und Rechtsschutzauftrag, DÖV 1982, S. 619 ff.

Stern, Ermessen und unzulässige Ermessensausübung, Berlin 1964

— in: Bonner Kommentar zum Grundgesetz (Zweitbearbeitung), Hamburg 1982, Art. 93

— Das Staatsrecht der Bundesrepublik Deutschland, Bd. I, 2. Aufl., München 1984; Bd. II, München 1980

Stern / Bethge, Öffentlich-rechtlicher und privatrechtlicher Rundfunk, Berlin 1971

Stoltenberg, Legislative und Finanzverfassung 1954/55, Parlamentarische Willensbildung in Bundestag, Bundesrat und Vermittlungsausschuß, in: Vierteljahreshefte für Zeitgeschichte, 1965, S. 236 ff.

Strohmeier, Der Vermittlungsausschuß als Überausschuß? — Anmerkungen zur Kompetenz des Vermittlungsausschusses anläßlich seiner Beschlußempfehlung zu Art. 26 a 2. Haushaltsstrukturgesetz 1982, ZParl. 1982, S. 473 ff.

Troßmann, Parlamentsrecht des Deutschen Bundestages, Kommentar, München 1977

— Bundestag und Vermittlungsausschuß, JZ 1983, S. 6 ff.

Wessel, Der Vermittlungsausschuß nach Artikel 77 des Grundgesetzes, AöR Bd. 77 (1951/52), S. 283 ff.

Zeh, Zur verfassungsrechtlichen Problematik einer Beschlußempfehlung des Vermittlungsausschusses, Gutachten des Wissenschaftlichen Dienstes des Deutschen Bundestages (unveröff.), 1982

— Die Zweckmäßigkeit von Artikelgesetzen, Gutachten des Wissenschaftlichen Dienstes des Deutschen Bundestages (unveröff.), 1982

Zuck / Quaas, Rechtsgutachten zur Verfassungsmäßigkeit der Verzinsung und vorzeitigen Ablösung von Familienheimdarlehen gemäß den Änderungen durch das 2. HStruktG (unveröff.), 1982

MIX
Papier aus verantwortungsvollen Quellen
Paper from responsible sources
FSC® C105338

Printed by Libri Plureos GmbH
in Hamburg, Germany